MÉTAMORPHOSE D'UNE FEMME

Sylvia Chouinard

MÉTAMORPHOSE D'UNE FEMME

BÉLIVEAU
éditeur

Conception de la couverture : Jean-François Szakacs
Photographies de la couverture : Dominique Lavoie

Tous droits réservés
© 2012, BÉLIVEAU Éditeur

Dépôt légal : 1er trimestre 2012
Bibliothèque et Archives nationales du Québec
Bibliothèque et Archives Canada

ISBN 978-2-89092-526-7

920, rue Jean-Neveu
Longueuil (Québec) Canada J4G 2M1
Tél. : 514 253-0403/450 679-1933 Téléc. : 450 679-6648

www.beliveauediteur.com
admin@beliveauediteur.com

Gouvernement du Québec – Programme de crédit d'impôt pour l'édition
de livres – Gestion SODEC – www.sodec.gouv.qc.ca.

Nous reconnaissons l'aide financière du gouvernement du Canada par
l'entremise du Fonds du livre du Canada pour nos activités d'édition.

IMPRIMÉ AU CANADA

« *L'heure la plus sombre est celle qui vient juste avant le lever du soleil.* »

— PAULO COELHO

Table des matières

—◼—

Introduction

————◆————

D'AUSSI LOIN QUE JE ME SOUVIENNE, J'AI TOUJOURS EU L'IMPRESSION de voir mes rêves les plus fous se concrétiser, qu'ils soient positifs ou négatifs. Après avoir surmonté de nombreux bouleversements, je me concentre désormais sur un idéal de vie plus authentique et constructif. Dans cet ouvrage, je vous expose mon cheminement personnel en quête de mon identité et mon aspiration à une vie meilleure. À travers les chemins que j'ai parcourus et les obstacles auxquels j'ai été confrontée, ces pages témoignent des ressources qui m'ont aidée à donner à ma vie un tournant décisif.

S'il me fallait résumer en une phrase l'évolution qui s'est produite dans ma carrière, j'indiquerais que je suis passée du monde de la criminalité à celui de la psychologie et des affaires. Cela illustre précisément la transformation dont je veux vous entretenir dans ce livre. Afin qu'un tel retournement soit possible au plan professionnel, j'ai dû modifier mes valeurs et ma personnalité. Comment cela a-t-il été possible? C'est ce je vous invite à découvrir. Dès l'instant où j'ai ébauché l'écriture de ce texte, je me suis questionnée sur les différentes composantes qui ont contribué à ma croissance personnelle et à l'émergence de changements bénéfiques dans ma vie.

Au détour de toutes ces réflexions sur ma trajectoire, je me suis également interrogée sur ma motivation à vouloir publier un livre dans lequel je révèle ma vie passée, alors que j'avais toujours eu la ferme intention de la garder soigneusement secrète. Pendant de nombreuses années, j'anticipais les répercussions sur ma carrière qu'entraînerait la divulgation de mes déboires antérieurs. Bien sûr, il y a des pour et des contre lorsqu'on décide de partager publiquement son histoire.

Voici ce que je déduis des intentions qui sous-tendent ce dévoilement. En premier lieu, je ressens le besoin impératif de comprendre et d'accepter mon passé avec toutes les tribulations qu'il comporte. Même si certains événements relatés dans ce livre datent de fort longtemps, ils m'oppressent encore aujourd'hui. L'écriture peut s'avérer un exutoire permettant de se libérer de certaines blessures profondes ou d'émotions résiduelles associées à diverses expériences vécues. En second lieu, je désire partager mes expériences avec d'autres personnes qui traversent des épreuves et qui se sentent désespérées ou démunies. À travers mon récit, je souhaite leur transmettre une lueur d'espoir et éventuellement des moyens pour les aider à s'en sortir. Il faut garder l'espérance d'une vie meilleure lorsque le destin semble s'acharner sur nous.

Nos expériences de vie, douces ou amères, constituent une partie intégrante de nous-mêmes. Elles nous façonnent comme individus et exercent une influence considérable sur le développement de notre personnalité. Certains événements qui surviennent dans notre vie sont plus déterminants que d'autres. Pour répondre à tous mes questionnements, j'ai dû revoir les principaux épisodes de ma vie, de l'enfance jusqu'à aujourd'hui. Dès la première semaine où j'ai entrepris la rédaction de ce livre, j'ai fait un rêve particulièrement symbolique. Je me trouvais dans une clairière lumineuse bordée d'une forêt impénétrable qui m'apparaissait ténébreuse. En réalité, ce songe présageait que j'allais revisiter les épisodes sombres de mon passé. Je pressentais par où devrait passer mon âme dans les mois à venir. Fort heureusement, j'allais refaire le voyage uniquement à titre d'observatrice.

Tout au long des chapitres, je vous ferai part des périples de ma vie qui permettent de comprendre les facteurs qui ont rendu possible la transformation qui s'est opérée dans ma vie. Le lecteur est avisé que les noms des personnes qui ont défilé dans ma vie ont été changés. Quelques événements ont été légèrement modifiés afin de ne pas porter préjudice à qui que ce soit. En fait, je vous présente le récit de ma vie où chaque épisode est suivi d'une réflexion introspective et de commentaires théoriques. Par la suite, je cite les techniques psychologiques et les valeurs qui peuvent contribuer à l'épanouissement personnel. Du moins, celles qui m'ont permis de transformer ma vie.

CHAPITRE I

Expériences vécues dans l'enfance et l'adolescence

———●———

MON ENFANCE

MON SOUVENIR LE PLUS LOINTAIN SE RAPPORTE À L'ARRESTATION DE mon père alors que j'étais une fillette. J'avais cinq ans. Je revois vivement la scène sortie tout droit d'un film d'action. Du champ où je m'amusais avec mes amies, j'ai vu surgir la voiture de mon père à toute vitesse, une auto-patrouille à ses trousses. Il a immobilisé son véhicule et en est descendu. Les policiers ont alors procédé à son arrestation. Il se tenait debout, adossé à un poteau électrique, les bras dans les airs. Il n'a opposé aucune résistance à la fouille des policiers ni aux menottes. Mon père est monté dans leur voiture, qui est repartie aussitôt. Voir les policiers menotter mon père et l'emmener fut sans conteste l'événement le plus percutant de mon enfance.

À l'époque, ma mère m'a raconté que mon père avait été appréhendé par les policiers parce qu'il avait heurté un chien avec sa voiture. Cette explication m'apparaît invraisemblable. Elle suggère plutôt une improbable histoire qu'on conte à un enfant pour l'apaiser. De toute évidence, on n'intercepte pas les gens de cette manière pour avoir écrasé un chien accidentellement. Mystère! Je n'ai jamais connu les fondements de cette affaire. Les enfants sont capables de comprendre davantage que nous ne le croyons. À l'âge adulte, j'ai un jour questionné ma mère à propos de cet incident. Elle m'a donné pour toute réponse qu'elle ne se rappelait pas que mon père avait été arrêté. Cette dénégation traduisait son refus d'en discuter. J'ai respecté ce silence en me taisant. Je me suis rendue récemment au palais de justice pour consulter le plumitif criminel et pénal, mais je n'y ai rien découvert. Les dossiers judiciaires compilés dans ce registre public remontent à 1971, alors que l'arrestation de mon père avait eu lieu quelques années auparavant.

Dans ma famille, nul ne doit évoquer les événements du passé: nous balayons plutôt la poussière sous le tapis. Au fil des années, le secret est toujours demeuré la règle d'or et le *tapis* affiche çà et là des excroissances. Sans doute, subsiste-t-il une influence générationnelle dans cette manière d'agir. Est-ce que les individus composant la génération des *boomers* sont généralement moins enclins à exprimer leurs sentiments que ceux des nouvelles générations X et Y? Quoi qu'il en soit, mes parents évitent d'aborder les sujets à forte charge émotionnelle. Ils préservent mystérieusement leur passé, laissant planer le doute sur des fautes inavouables. Quels secrets peuvent mériter d'être dissimulés pendant plusieurs décennies?

Je me souviens distinctement de la séparation de mes parents. J'avais six ans. J'étais très bouleversée par leur rupture. Étrangement, ni l'un ni l'autre n'a réclamé la garde des enfants. Au début des années soixante-dix, il était plutôt inhabituel que les enfants soient confiés aux grands-parents, mais c'est pourtant ce qui s'est produit dans ma famille. Bien que mes parents aient eu le droit légitime de se séparer, l'éclatement de notre famille a entraîné des répercussions majeures sur le développement des enfants. Les causes qui ont provoqué leur rupture demeurent nébuleuses. Autre énigme!

Au moment de leur rupture, la famille se composait de trois fillettes âgées de cinq, six et sept ans : j'étais la cadette. Ma sœur benjamine et moi avons été envoyées en Gaspésie chez nos grands-parents paternels où nous avons vécu pendant quatre ans, ne voyant nos parents qu'occasionnellement. Ma sœur aînée, qui vivait chez une tante en banlieue de Montréal, nous visitait rarement. Je me remémore le voyage de Montréal à Gaspé; j'avais l'impression, dans ma tête de petite fille, de m'en aller à l'autre bout du monde, alors qu'en réalité ce trajet ne prenait qu'une dizaine d'heures; une perception normale, je crois, à cet âge. Le sublime littoral qui borde les routes de la Gaspésie ne parvenait pas à compenser ma peine et à me faire apprécier ce parcours.

Bien des années plus tard, j'éprouvais de puissantes nausées lors des voyages en automobile, particulièrement lorsque je retournais en Gaspésie. J'avais développé une aversion pour cette route, car mon inconscient l'avait associée à ma séparation fatidique d'avec mes parents. Ces nausées dissimulaient mal leurs origines psychologiques.

À mon arrivée en Gaspésie, j'ai été surnommée *Le Dragon des mers*, un sobriquet qui me convenait parfaitement. En plus d'être une fillette espiègle et turbulente, je devenais parfois même désobéissante. Je ne tenais pas en place et j'élaborais toujours des plans saugrenus. Lorsque je montais dans l'autobus scolaire qui me conduisait à la maternelle, je sautais par-dessus les bancs plutôt que de me déplacer dans l'allée centrale comme les autres enfants. Déjà, je présentais des comportements marginaux; je devais continuellement être ramenée à l'ordre. Je manquais de discipline, disait-on.

Si, à cette époque, le Ritalin avait été aussi populaire qu'aujourd'hui, on m'en aurait probablement administré pour me tranquilliser. On m'aurait sans doute diagnostiqué un trouble déficitaire de l'attention de type hyperactivité et impulsivité prédominant (TDAH). Au lieu de se tourner vers la médication, mes grands-parents ont remédié au problème en m'imposant une discipline plus rigoureuse. Par rapport à la dynamique familiale à laquelle j'étais habituée, il s'agissait d'un changement draconien; mes grands-parents se montraient moins permissifs que mes parents. La rigueur de l'éducation que j'ai reçue en Gaspésie a exercé un impact majeur sur l'évolution de ma personnalité et de mes attitudes. Le *Dragon* s'est transformé en une fillette réservée et timide. Sans être tout à fait apprivoisé, le *Dragon* a été réprimé.

Puisque j'étais profondément déchirée par l'éloignement de mes parents, mon schéma d'abandon et de rejet s'est installé insidieusement. Effectivement, je me sentais abandonnée et rejetée par eux, ce qui allait teinter mes relations avec les autres plus tard dans ma vie. Comme le ressentent la plupart des enfants victimes d'une séparation parentale, je croyais que j'étais responsable de leur rupture, qu'ils s'étaient séparés parce que j'avais été insupportable. Je me sentais coupable d'avoir été si turbulente. Je priais quotidiennement pour que mes parents se réconcilient et que nous puissions être réunis à nouveau. Chaque soir, en me couchant, je récitais pieusement une litanie d'une cinquantaine de *Notre Père*.

Ce fut la période de ma vie où j'ai été la plus croyante. La ferveur religieuse de mes grands-parents influait grandement sur le développement de mon système de croyances. Tous les dimanches matin, sans exception, nous allions à l'église du Sanctuaire de Pointe-Navarre. Nous devions parcourir cinquante kilomètres pour nous rendre à cette église spécifique où ma grand-mère préférait assister aux offices. Nous pouvions nous recueillir dans la petite chapelle, sise aux abords de l'église, dans laquelle de nombreux handicapés qui avaient recouvré la santé avaient abandonné leurs béquilles, leur chaise roulante ou autres appareils. Chez mes grands-parents, la messe constituait notre sortie familiale hebdomadaire.

Ma mère n'a jamais été réellement croyante. Pour elle, s'endimancher représentait une mascarade qu'elle avait baptisée *Le show des chapeaux*. Elle nous racontait que, lorsqu'elle était jeune, les bancs situés à l'avant de l'église étaient réservés aux gens les plus fortunés et, par conséquent, les mieux habillés. Le dimanche, ils paradaient avec leurs costumes les plus élégants et leurs plus ravissants chapeaux.

Même si mes parents manquaient à l'appel, je dois avouer que j'avais en revanche de merveilleux grands-parents qui veillaient sur ma sœur et moi. Une de mes tantes, Marie-Anne, qui était alors âgée de dix-sept ans, habitait chez mes grands-parents. Ils nous ont accueillies à bras ouverts et nous ont traitées, ma sœur et moi, comme leurs propres enfants pendant quatre ans. En nous prodiguant l'amour et l'attention dont nous avions besoin, ils ont tout fait pour remplacer nos parents durant leur absence.

La générosité de mes grands-parents n'avait d'égal que leur courage. Ma grand-mère dirigeait sa propre épicerie, alors que mon grand-père conduisait un taxi. Ils travaillaient très fort et étaient relativement à l'aise financièrement. Mon grand-père était un homme fier, toujours élégamment vêtu. Il avait de beaux yeux bleus et une chevelure blanche impeccable. Ma grand-mère se voulait à son image, tout aussi élégante.

Cela me réconfortait de grandir auprès de ma sœur : je me sentais moins seule. Très belle et délicate, elle incarnait tout le contraire de moi, qui me comportais comme un garçon manqué. Ma sœur jouissait du statut de favorite auprès de mes grands-parents, ce que j'avais vite saisi. Quand venait le temps de la collation, je l'envoyais d'abord voir ma grand-mère à l'épicerie pour se choisir des friandises, car elle ne lui refusait rien. J'attendais qu'elle ressorte du commerce et j'entrais à mon tour pour exiger la même collation; ma grand-mère ne pouvait pas m'interdire ce qu'elle venait d'accorder à ma sœur. Très jeune, je faisais preuve d'astuce pour parvenir à mes fins. En contrepartie du favoritisme de mes grands-parents envers ma sœur, j'étais la préférée de tante Marie-Anne. Nous partagions la même chambre, ce que je n'ai jamais compris puisque la maison comptait cinq chambres, dont deux inoccupées.

Nous vivions dans un village champêtre. Ma grand-mère conservait un vieux coffre regorgeant de splendides robes d'époque ayant appartenu à des ancêtres de la famille. Lors de pique-niques dans les champs, nous enfilions chacune une robe et un chapeau assorti. Mon grand-père possédait une grange qui abritait des animaux dont quelques cochons et un bœuf. Chacun d'eux portait un nom qui lui avait été assigné par ma sœur et moi. Cela devenait cependant assez dramatique pour nous lorsque notre grand-père abattait un de ses animaux, puisqu'il les élevait pour la viande. Leurs hurlements déchirants nous faisaient frémir. C'était horrible!

C'était l'authentique vie de campagne avec ses paysages pittoresques et ses paysans cultivant la terre. Nous habitions à proximité du magnifique Parc national Forillon. À cent cinquante mètres, derrière la maison s'étendait la forêt giboyeuse et sauvage. Une fois, alors que nous nous y baladions avec des amis, nous avons croisé un ours. Affolés, nous avons couru jusqu'à l'orée du bois sans nous retourner. En face de la maison s'étalait la mer avec tous ses mystères, tantôt calme, tantôt houleuse. Nous vivions dans un environnement digne d'une carte postale. Mon grand-père s'assoyait souvent à la fenêtre et admirait la mer pendant des heures. Je me demandais si ses yeux étaient devenus d'un bleu si intense à force d'avoir contemplé la mer. C'était ainsi qu'il relaxait après une journée de travail.

Durant cette période, je n'ai vu ma mère qu'à quelques reprises, peut-être même une seule fois par année. Je l'entrevoyais pour les fêtes de Noël chez ma grand-mère maternelle, qui demeurait dans le village voisin. Il y avait toujours beaucoup de monde chez elle durant la période des fêtes et je disposais de peu d'occasions d'échanger avec ma mère lors de ses brèves visites. Elle est l'aînée de sa famille, et elle a trois sœurs et trois frères. Somme toute, je ne me sentais pas proche de ma mère, faute de moments d'intimité avec elle. Elle était jeune et avait, en tant que femme, ses propres préoccupations.

Je considère ma grand-mère maternelle comme une femme héroïque. Elle était devenue mère de famille monoparentale, ce qui n'était pas fréquent en 1950. Son mari, un alcoolique chronique, l'avait abandonnée avec ses sept enfants en bas âge. Il avait déserté le village et personne ne l'avait revu pendant de nombreuses années. Ma grand-mère avait fait preuve de force et de détermination en élevant ses enfants de manière remarquable. Afin de subvenir aux besoins financiers de la famille, elle tenait un standard pour une compagnie téléphonique. Ma mère a subi, tout comme moi, l'abandon d'un de ses parents. Triste à constater, mais l'abandon des enfants s'avère transgénérationnel dans ma famille.

Ma mère s'est toujours distinguée par son tempérament passionné. Dans les années soixante-dix, alors qu'elle était dans la vingtaine, elle arborait un style éclatant. Juchée sur ses souliers plateformes, avec ses faux cils et ses perruques, elle symbolisait la femme fatale. Mince et très belle, elle se teignait les cheveux en blond platine, avait de sublimes yeux bleus et un goût particulier pour le luxe et la parure dont j'ai hérité. Elle me paraissait cependant lointaine et inaccessible.

En ce qui concerne mon père, il représentait mon idole. Je souhaitais qu'il devienne un jour mon mari. Dans l'éventualité où ce ne serait pas possible, j'espérais trouver un homme qui lui ressemblerait. Mon complexe d'Œdipe, je l'ai vécu à fond. Selon les préceptes de la psychanalyse, le complexe d'Œdipe constitue une étape normale dans le développement psychologique de l'enfant. Concrètement, la petite fille devient amoureuse de son père et ressent généralement de l'hostilité envers sa mère. Le conflit intérieur qui en résulte se résout habituellement par l'identification de la petite fille à sa mère et par le refoulement des tensions sexuelles jusqu'à l'adolescence. Bien que cet épisode soit, la plupart du temps, courant chez l'enfant, il peut toutefois s'avérer problématique s'il est mal résolu.

La manière dont j'ai traversé mon complexe d'Œdipe a vraisemblablement biaisé les souvenirs de mon enfance. Enfant, j'ai apparemment eu tendance à amplifier certains défauts de ma mère et à minimiser ceux de mon père que j'idolâtrais. En effet, j'idéalisais son côté très masculin et son style délinquant. Mon père aimait la vitesse et adoptait une conduite automobile dangereuse. D'après ce qu'on racontait dans ma famille, il a subi quelques accidents de voiture dans sa jeunesse, dont certains alors qu'il se trouvait en état d'ébriété. Ma grand-mère nous avait confié qu'une nuit il était rentré à la maison sous l'effet de l'alcool, sa chemise blanche complètement ensanglantée. Il avait eu un accident avec le véhicule de mon grand-père; l'auto était une perte totale. À cette époque, les lois régissant le code routier étaient moins sévères qu'aujourd'hui, entre autres en ce qui a trait à la conduite avec facultés affaiblies.

Je me souviens des arrivées rocambolesques de mon père lorsqu'il venait nous visiter en Gaspésie. La maison de mes grands-parents se situait dans une petite baie en bordure de la route principale. Mon père, qui possédait une rutilante voiture sport rouge de marque Charger 440 Magnum, passait dans l'anse à cent soixante kilomètres à l'heure. Nous ne pouvions pas le manquer, car il installait une sirène de police sur le toit de son automobile pour nous avertir de son arrivée. La voiture filait à toute allure, faisant un bruit infernal, amalgame de sirène de police et de crissement de pneus sur la chaussée. Il savait faire une arrivée digne d'un film de James Bond. Ma sœur et moi courions immanquablement à la fenêtre, nous jubilions de le revoir.

Mon père, mon super héros! Grand et mince, avec de magnifiques yeux verts, il m'apparaissait tellement charmant dans ses jeans et son veston de cuir. Dans mon souvenir, il avait l'allure de James Dean. Il affichait une attitude anticonformiste qui m'avait profondément séduite. Mon père était-il un véritable délinquant ou se donnait-il un style? Ce genre de question ne m'effleurait pas l'esprit. Tout cela n'était probablement pas clair dans ma tête de petite fille.

Je présume que mon adulation pour mon père et son style rebelle a largement contribué à mon attirance pour les hommes délinquants, plus tard dans ma vie. Les processus inconscients qui interviennent dans la formation d'un modèle de référence en matière amoureuse à l'âge adulte se mettent en place à un très jeune âge. Chez la fillette, ce modèle de référence se rattache à son père ou aux autres figures masculines présentes dans son environnement, comme un oncle ou un grand-père.

L'époque où j'ai habité chez mes grands-parents en Gaspésie fut une période de stabilité. Mes grands-parents nous dictaient une conduite morale, nous enseignant de bonnes valeurs, à ma sœur et à moi. Je garde en mémoire un incident au cours duquel ma sœur et des amies avaient acheté des cigarettes et les avaient fumées. Pensant bien faire, j'avais tout raconté à ma grand-mère. Elle nous avait punies toutes les deux : ma sœur pour avoir fumé, et moi pour les avoir trahies, elle et ses amies. C'est ainsi qu'elle nous inculquait ses valeurs, notamment la loyauté, l'intégrité et la franchise envers nos proches.

DÉVELOPPEMENT DES SCHÉMAS PROBLÉMATIQUES

Les expériences que nous vivons dans notre enfance déterminent directement la façon dont nous nous développons comme individus par la suite. En effet, nous sommes façonnés par notre environnement et les gens qui nous entourent. Les rapports que nous entretenons avec nos parents et ceux qu'ils ont entre eux, ainsi que toute autre relation que nous expérimentons durant l'enfance, constituent des éléments clés dans le développement de notre capacité d'attachement. De ces relations interpersonnelles, il en résulte des schémas de comportement qui peuvent parfois devenir problématiques. Nous avons ensuite souvent tendance à recréer, tout au long de notre existence, le même type de relations avec les personnes significatives de notre vie.

La thérapie sur les schémas de Young propose une approche efficace lorsque le problème semble provenir des relations parentales durant l'enfance, comme c'est couramment le cas. Selon ces auteurs, il existe onze types de schémas fondamentaux, aussi appelés «schémas précoces d'inadaptation», que nous pouvons développer. Ces schémas sont: *abandon*, *méfiance et abus*, *dépendance*, *vulnérabilité*, *carence affective*, *exclusion*, *imperfection*, *échec*, *assujettissement*, *exigences élevées* et *tout nous est dû*.

En ce qui me concerne, la rupture de mes parents alors que j'avais six ans et le fait que ni l'un ni l'autre n'ait gardé les enfants ont contribué largement à ce que je développe un schéma d'abandon. J'ai été séparée de mes parents pour une longue période de temps. Je me suis donc sentie abandonnée par les personnes qui m'étaient les plus chères. Ce schéma d'abandon s'est enraciné durant mon enfance et je l'ai répété ensuite pendant longtemps.

Pour parvenir à un équilibre psychologique, il s'avère essentiel d'identifier nos schémas problématiques, mais il faut aussi accepter notre histoire telle qu'elle s'est produite. À cet égard, nous devons reconnaître que nos parents sont des êtres imparfaits, tout comme nous d'ailleurs. Considérant les qualités et les défauts qui les caractérisaient comme individus, ils ont agi de leur mieux. Au fond, ce n'est pas par méchanceté qu'ils ont commis des erreurs et qu'ils nous ont blessés. Dans leur vie respective, nos parents assument d'autres rôles que celui de mère ou de père, comme ceux de conjoint ou de travailleur. En d'autres termes, ils vivent leur propre histoire amoureuse, familiale et sociale. Ils ne sont pas exclusivement ancrés dans leur rôle de parent, ce qui ne serait pas souhaitable, de toute manière.

L'histoire de nos parents et leur bagage génétique entraînent des répercussions sur notre développement en tant qu'enfant et, plus tard, sur nos comportements d'adulte. Par exemple, le fait qu'un individu ait été battu durant son enfance peut avoir pour conséquence qu'il battra lui-même son enfant plus tard. Néanmoins, si un individu prend conscience de son histoire et l'accepte, l'effet inverse peut alors s'opérer; voulant éviter de faire subir à son enfant ce qu'il a enduré lui-même, il ne le battra jamais. Il mettra ainsi un terme au cycle intergénérationnel de violence envers les enfants. Si je reprends l'exemple de ma famille, ma mère avait été abandonnée par son père durant son enfance et elle a reproduit ce schéma par la suite en abandonnant ses trois filles.

Les rapports de l'enfant avec ses parents durant l'enfance détermineront en grande partie le type de relations qu'il sera ensuite capable d'établir à l'âge adulte. Certaines théories stipulent que le type de rapport que l'enfant connaîtra avec ses parents est étroitement lié à sa capacité d'attachement par la suite, et ce, pour le reste de sa vie. Ainsi, nous pouvons conclure que notre environnement familial et social durant l'enfance joue un rôle prépondérant dans notre capacité à établir des liens à l'âge adulte, autant aux plans personnel que professionnel.

ADOLESCENCE : DÉBUT
DE LA DÉLINQUANCE

Un autre événement très marquant de mon enfance est survenu lorsque j'avais dix ans. Un miracle s'est produit : mes parents ont repris la vie commune et notre famille a été réunie à nouveau. J'ai alors cru que mes cinquante *Notre Père* récités chaque soir pour la réconciliation de mes parents avaient été exaucés. Quel bonheur de revivre finalement avec ma famille ! Pour la modique somme de vingt mille dollars, mes parents s'étaient portés acquéreurs d'une maison dans un quartier résidentiel en banlieue de Montréal. La famille s'était élargie, j'avais une nouvelle petite sœur de six mois. De toute évidence, mes parents avaient pris une bonne décision en reprenant la vie commune, car ils ont vécu très heureux ensemble par la suite. Ils sont la preuve que les séparations temporaires et les réconciliations subséquentes peuvent fonctionner pour certains couples.

Ma sœur aînée attendait impatiemment que je revienne auprès d'elle. Comme elle était plus menue que moi, elle avait averti tous les enfants du quartier que sa sœur, plus forte qu'elle, allait dorénavant la défendre. Ce qui m'avait valu d'être rouée de coups par un garnement qui voulait tester mon endurance. Toujours aussi sage, ma sœur benjamine était revenue de Gaspésie en même temps que moi. À mon avis, elle conservait sa position de préférée, mais cette fois-ci auprès de mon père, alors que mes deux autres sœurs semblaient être les favorites de ma mère. Je crois que la deuxième position dans une famille de quatre enfants représente une place ingrate.

Selon certaines études, la position de cadet s'avère la plus difficile à tenir; l'enfant vient au monde après l'aîné dont la naissance a constitué pour les parents le plus beau cadeau de leur vie. Dans ce contexte, le cadet peut ressentir le besoin de se distinguer pour solliciter l'attention de ses parents, de sorte qu'il se comportera souvent de manière plus audacieuse et téméraire que sa fratrie. Le cadet se trouve dans une position plus exigeante par rapport à la recherche de son identité, ce qui peut le conduire à des comportements de rébellion. Cela me rassure d'avoir découvert une raison de plus pour expliquer mes problèmes de délinquance à l'adolescence.

Lorsque j'étais enfant, je projetais des allures de garçon manqué, alors que mes trois sœurs dégageaient beauté, féminité et délicatesse. J'ai donc découvert assez tôt l'impact de la beauté sur la capacité de se faire aimer. À l'adolescence, le vilain petit canard que j'étais s'est métamorphosé en cygne. Mes traits et mes courbes se sont dessinés. Je me rappelle les paroles d'un vieil oncle, alors que j'avais quinze ans. Il m'a dit: « Nous n'aurions jamais cru que tu deviendrais si belle. »

Mes premières années d'adolescence se sont donc déroulées dans l'harmonie. Ma famille était réunie de nouveau, pour mon plus grand bonheur. Ma mère, qui ne travaillait pas à l'extérieur de la maison, prenait désormais grand soin de ses enfants. Durant cette période de femme au foyer, elle essayait même de nous faire des tartes. Ma mère a toujours prétendu qu'elle n'aimait pas cuisiner. Elle en était si convaincue qu'elle n'excellait effectivement pas dans l'art culinaire, mais elle possédait d'autres talents. Elle avait un esprit très ouvert avec nous.

À première vue, mon père adoptait également une conduite exemplaire, mais, toute réflexion faite, il travaillait beaucoup trop. Pour subvenir aux besoins de sa famille, il occupait deux emplois : contremaître pour une compagnie de pipeline et commerçant. Il débutait sa journée de travail à six heures sur les chantiers de construction et se rendait ensuite à son commerce jusqu'à vingt-deux heures. Ainsi accaparé par son travail, il passait peu de temps avec nous. Il ne disposait que de quelques heures par nuit pour dormir. Il devenait si fatigué qu'en rentrant du travail il devait parfois s'arrêter sur le bord de la route pour se reposer. Nous le voyions le dimanche quand il essayait de récupérer un peu. Il ne lui restait aucun temps pour les loisirs, mais il se montrait extrêmement généreux : s'il travaillait tant, c'était pour satisfaire sa femme et ses enfants.

Ma mère n'est pas demeurée femme au foyer très longtemps, à peine trois ans. Elle s'est impliquée dans le commerce de mon père. De tempérament plutôt sociable, elle se sentait très à l'aise avec le public. En fait, durant mon adolescence, mes parents n'étaient pas souvent présents à la maison, car ils travaillaient énormément pour subvenir aux besoins de la famille. En conséquence, leur absence s'est vite fait sentir. Nous étions quelque peu laissées à nous-mêmes durant la période de l'adolescence où, généralement, le besoin d'encadrement est des plus criants.

Au début de l'adolescence, avant que mes problèmes de délinquance commencent, je débordais d'énergie et d'idées créatrices. J'aurais tellement aimé adhérer aux majorettes. Je m'imaginais avec ce magnifique uniforme, dans les teintes chatoyantes de rouge et de blanc, un bâton tournoyant à la main. J'étais fascinée par leur costume et leur démarche solennelle lors des défilés. Je rêvais de faire partie de la parade. Très avide de connaissances, je m'intéressais à toutes sortes d'activités. Une semaine, je décidais de planter des fleurs et de jardiner; la semaine suivante, de faire de l'artisanat ou de la couture avec ma grand-mère. De plus, je rapportais fréquemment des animaux à la maison.

Un jour, j'ai acheté un coq miniature qui mesurait à peine dix centimètres de haut. Le vendeur à l'animalerie m'avait garanti qu'il ne dépasserait pas quinze centimètres. Pourtant, au bout de dix jours, il avait plus que triplé en hauteur. Au grand désarroi de mes parents, il se mettait à chanter à cinq heures du matin, de sa cage installée sur ma commode. Ses mouvements projetaient tout ce qui se trouvait dans son espace, devenu trop restreint, sur le sol de ma chambre, qui commençait à ressembler à un poulailler. Mon père a dû en avoir assez d'être réveillé dès l'aube par mon coq. Deux semaines plus tard, lorsque je me suis levée, il avait disparu. Ma mère m'a expliqué, d'un air contrarié, que mon père avait découvert, dès son réveil, mon coq sur le dos, raide mort. Il avait voulu m'épargner cette scène. Curieusement, le même scénario s'est répété avec ma souris, mon lapin, et un chien que j'avais trouvé dans la rue. J'imagine que mon père, n'en pouvant plus que je prenne la maison pour une ferme, retournait ces animaux à l'animalerie.

Quel dommage que ma grande vitalité se soit transformée en énergie négative. Le manque de stimulation dans mon environnement familial et scolaire a certainement joué un rôle dans ce changement. Je ne pratiquais aucun sport et, petit à petit, j'ai cessé de m'adonner à des activités créatrices. Je me rappelle qu'à l'entrée au secondaire, je voulais m'inscrire à l'école anglaise, mais je n'avais pas pu puisque la Charte de la langue française avait été adoptée l'année précédente. Il aurait fallu qu'un de mes parents soit anglophone pour que je puisse faire mes études en anglais dans le secteur public et il n'était pas question que j'aille à l'école privée. Aucune activité ne m'intéressait, aucun défi ne me stimulait.

Ma destinée a pris lentement le chemin de la délinquance et de l'illégalité. Je restais polie avec mes parents, tout en étant désobéissante et rebelle. Lorsque mes parents me mettaient en punition dans ma chambre, je m'échappais par la fenêtre. Je ne rentrais parfois pas avant l'aube. Je traînais dans les rues de Montréal avec ma bande d'amis, qui se composait des filles et des garçons les plus tapageurs et délinquants de mon quartier. L'expression *Qui se ressemble s'assemble* nous convenait bien. Mes comportements étaient assez similaires à ceux de mes amis.

À cette époque, j'ai commencé à commettre certains délits. Je faisais du vol à l'étalage dans les magasins avec mes amies. Je me suis fait arrêter à deux reprises pour avoir volé des vêtements. La première fois, ma mère n'a pas été avisée de ma bêtise. La mère d'une de mes amies était venue nous chercher en promettant aux policiers d'avertir mes parents, ce qu'elle n'a pas fait. Cette femme savait que ses filles volaient dans les magasins et elle n'intervenait pas. La seconde fois que j'ai été appréhendée, ma mère est venue me chercher au poste de police. Elle fulminait contre moi. Je ne me souviens pas si mon père a été mis au courant de mon arrestation, car ma mère ne lui racontait pas tout.

Peu importent les événements qui ont pu survenir dans notre famille, mon père était toujours le dernier à en être informé... lorsqu'il l'était, bien entendu. Mon père, un homme fort intelligent et perspicace, se doutait toujours de ce qui se tramait, mais il n'en avait jamais la certitude. De toute manière, il était trop absorbé par son travail.

À l'adolescence, j'entretenais donc de très mauvaises fréquentations. Un jour, lors d'un souper en famille, j'ai mentionné à mon père que j'aimerais devenir policière, ce à quoi il m'a répondu : « Ne dis pas ça à tes amis, nous allons te retrouver morte dans un fossé. » Il avait sans doute raison, mais il ne s'agissait que d'une remarque à tout hasard. En fait, je n'ai jamais aspiré à devenir policière. J'étais plutôt fascinée par le côté obscur de l'illégalité. Mon cercle d'amis se composait de personnes peu recommandables, dont certaines beaucoup plus âgées que moi.

J'avais aussi commencé à boire de l'alcool et à consommer des drogues illicites avec mes amis. J'ai essayé presque tous les types de drogues disponibles sur le marché noir : la marijuana, le haschich, l'acide, la cocaïne, etc. La seule drogue que je ne me suis jamais hasardée à expérimenter demeure l'héroïne. Je revoyais sans cesse le scénario du film *Moi Christiane F., 13 ans, droguée, prostituée*, basé sur une histoire vraie. Dans ce long-métrage, la jeune fille se drogue à l'héroïne et vit une réelle descente aux enfers. Elle doit se prostituer pour payer sa drogue et elle subit les sévices de son proxénète. J'étais trop effrayée à l'idée de me retrouver dans la même situation que Christiane F. À chacune sa propre déchéance!

L'une de mes sœurs, moins craintive, a pris de l'héroïne à quelques reprises. Son copain de l'époque, Émile, un vendeur de drogue, se piquait à l'héroïne. Elle me racontait qu'il perdait connaissance après s'être injecté une dose. Heureusement, ma sœur n'est pas devenue une adepte de cette drogue. Cependant, tout comme moi, elle a développé une dépendance à la cocaïne. Un jour, alors que j'avais seize ans, je me suis rendue en autobus chez ma sœur qui habitait désormais en appartement à Montréal. Il y avait quelques amis d'Émile présents chez elle et la drogue circulait allègrement. L'un d'eux m'a menacée de m'ouvrir les entrailles avec son poignard face à mon refus d'avoir une relation sexuelle avec lui. Émile était intervenu, le sommant de ranger immédiatement son arme dans son étui. Je l'avais échappé belle!

Je suis rapidement passée des drogues douces aux drogues dures. Bien que j'aie essayé plusieurs sortes de drogues, je répétais rarement l'expérience à plus de deux ou trois reprises. Or, il en fut tout autre pour la cocaïne, à laquelle j'ai rapidement développé une dépendance. Au départ, je consommais uniquement les fins de semaine, lorsque je sortais dans les bars avec mes amies. Par la suite, j'ai commencé à me droguer occasionnellement durant la semaine. L'impact sur mon rendement scolaire s'est vite fait sentir; mes notes ont chuté radicalement. Il est scientifiquement démontré que la consommation de drogue engendre une diminution de la motivation et de l'intérêt pour ce qui se voulait autrefois stimulant. En l'occurrence, je ne faisais pas exception à la règle; j'étais moins motivée à poursuivre mes études.

Je fréquentais les bars même si je n'avais pas l'âge prescrit. J'ai d'ailleurs été arrêtée dans un bar lorsque j'étais mineure. À seize ans, j'ai assisté à la première descente de police de ma vie. Malheureusement, ce ne fut pas la dernière. Les policiers m'ont alors conduite au poste de quartier où ma sœur est venue me récupérer avec son copain d'alors, Carl, qui était âgé de trente-trois ans. Ma sœur avait dix-sept ans. C'était monnaie courante dans ma famille de fréquenter des hommes matures alors que nous n'étions qu'adolescentes. Carl a fait semblant de me réprimander dans le poste de police. Il ne se trouvait pourtant pas dans une position pour me faire des reproches. Il possédait une salle de billard bondée, en majeure partie du temps, de jeunes garçons et filles qui n'avaient pas l'âge d'y être. Que je me sois fait arrêter dans un bar ne le gênait pas particulièrement. Au contraire, cela le faisait rigoler. En sortant du poste de police, il a feint de me botter le derrière en s'esclaffant.

Ma sœur avait fait une scène à nos parents parce qu'ils s'objectaient à ce qu'elle épouse cet homme. Face à leur refus, le caprice lui a passé rapidement. Une autre de mes sœurs entretenait une relation avec un homme de vingt-huit ans alors qu'elle n'en avait que quatorze. Je fréquentais également des hommes plus âgés. Drôle d'inclination familiale. Mon premier copain avait environ cinq ans de plus que moi. J'avais quatorze ans alors qu'il en avait dix-neuf et des allures de voyou. Ma mère l'avait d'ailleurs surnommé le *traîneux de bottines*, car ses bottes de travail n'étaient jamais lacées, ce qui faisait un bruit infernal lorsqu'il marchait. Elle affirmait qu'elle l'entendait s'approcher à partir du coin de la rue. Au grand désarroi de mes parents, j'avais adopté le même style vestimentaire que mon copain : bottes de travail et veste de chasse à carreaux rouges et noirs. Mes parents, désemparés par nos agissements, ne savaient souvent pas comment intervenir.

Lorsque j'avais quinze ans, mon deuxième copain en avait trente-deux. Étrangement, les deux copains éprouvaient des problèmes de consommation d'alcool et de drogue. Lorsque j'ai commencé à fréquenter cet homme, une terrible bagarre avait éclaté dans un bar entre sa gang et celle de mon premier copain. Les membres des deux clans s'étaient battus entre eux. J'avais une allure de fille de bar, surtout quand je sortais : cuissardes noires, jeans moulant et veste de cuir. Je ressemblais à une indienne avec mes longs cheveux noirs, leur couleur naturelle, jusqu'à ce que je décide de les teindre en blond platine, comme ceux de ma mère qui d'ailleurs désapprouvait cette transformation. Le contraste était frappant. Mes cheveux n'avaient pas bien supporté la décoloration et je les perdais à la poignée. J'ai dû les faire couper aux épaules.

Une seule de mes sœurs n'a pas côtoyé d'hommes beaucoup plus âgés qu'elle durant son adolescence. Toutefois, elle est devenue enceinte à l'âge de seize ans. Personne n'était au courant de sa grossesse. Nous l'avions tous appris en même temps, lorsqu'il ne subsistait plus aucun doute que sa prise de poids était liée à une grossesse. À n'en pas douter, elle était enceinte, elle approchait même de son septième mois. Mais comme je me sentais proche d'elle, je ne croyais pas que ce fût possible. Tel que je l'avais souligné à mon père, elle m'en aurait parlé. Mais non, elle avait préservé son secret nerveusement, car elle craignait que mes parents l'obligent à se faire avorter.

Cela démontre à quel point nous ne discutions pas de nos problèmes dans ma famille. Peut-être que nous ne les reconnaissions tout simplement pas, refusant d'admettre la réalité. Nous tendions à la déformer ou carrément à la nier. Durant mon adolescence, nous avions une chienne de race Lhassa Apso nommée *Lola*. Un beau matin, alors que tout le monde s'apprêtait à partir pour le travail et l'école, mon père nous fit une mise en garde : « Cessez de donner à manger à cette chienne, le ventre lui traîne à terre. » Peu de temps après, Lola s'introduisit dans une armoire. Aussi incroyable que cela puisse paraître, moins d'une heure plus tard, elle accouchait sans que personne n'ait soupçonné sa grossesse. C'est ainsi que, confrontés à l'irréfutable, nous avons dû admettre que la nourriture n'avait pas été la cause de son embonpoint.

Heureusement dans le cas de ma sœur, nous nous sommes ouvert les yeux au moins trois mois avant le jour de son accouchement. Si sa grossesse nous avait causé beaucoup d'inquiétude, toutes nos appréhensions disparurent à la vue du merveilleux poupon qu'elle avait mis au monde : un beau garçon de trois kilos et demie, en excellente santé. Nous étions profondément épris de ce premier enfant de la famille, adorable en tous points.

Ma sœur n'a pas fréquenté longtemps le père de son enfant. Après son accouchement, il est venu voir son fils à quelques reprises et il n'a plus jamais donné signe de vie.

Nous avons appris, bien des années plus tard, qu'il avait dansé nu pour gagner sa vie et qu'il était mort du SIDA. Ma sœur a donc élevé seule son fils durant un certain temps, ce qui n'était pas sans rappeler l'histoire de notre mère, elle-même abandonnée par son père. Cette même sœur a connu son lot de copains dysfonctionnels; l'un d'eux a succombé à une *overdose*, alors qu'un autre s'est suicidé. Finalement, à vingt-trois ans, elle a épousé un homme de vingt ans son aîné.

Bref, nous étions toutes des adolescentes perturbées dans ma famille. Nous expérimentions la panoplie complète de problèmes imaginables : décrochage scolaire, consommation de drogues, délinquance, agressivité, grossesse, démêlés avec la justice. Ces expériences allaient nous marquer et rendre périlleuse notre transition de l'enfance à l'âge adulte.

Nous observions une incidence de comportements délinquants dans ma famille immédiate. Une de mes sœurs a été jugée au Tribunal de la jeunesse pour voies de fait graves à l'âge de quinze ans. Elle avait battu une autre adolescente dans la cour d'école sous prétexte que cette fille lui avait dérobé son sac à main. Ma sœur lui avait fendu le front et la victime avait été conduite à l'hôpital et sauvée *in extremis*. Cette jeune a été traumatisée psychologiquement par cette agression. Pour cet acte criminel, le Tribunal de la jeunesse a condamné ma sœur à une détention de huit mois dans une école de réforme. Mes parents croyaient que cette sanction l'aiderait à comprendre ses erreurs et à la ramener dans le droit chemin. Après la détention, ma sœur contrôlait effectivement un peu mieux ses accès de colère, mais pas entièrement.

De mon côté, tous les problèmes que je rencontrais, comme ma dépendance aux drogues, ont fortement contribué à mon décrochage scolaire. Je n'avais ni ambition ni projets d'avenir. Comme je me sentais ainsi démotivée, mes notes en prenaient un coup. De première de classe que j'étais au primaire, j'ai redoublé mon secondaire IV. En secondaire V, j'avais accumulé plus d'absences que de présences. Le directeur m'a alors convoquée dans son bureau pour m'aviser que je ne devais plus m'absenter sans raison valable, sinon je ne serais pas autorisée à me présenter aux examens ministériels de fin d'année.

FACTEURS DE RISQUE

Mon cas illustre bien l'impact d'un manque de stimulation au plan créatif durant l'enfance. Mon énergie débordante était mal canalisée, ce qui m'a lentement entraînée vers la délinquance. L'écrivain Thomas D'Ansembourg, qui s'est impliqué pendant plusieurs années dans une association venant en aide aux jeunes en difficulté, souligne l'importance de stimuler adéquatement l'énergie créative des adolescents, notamment par des activités dynamiques ou des sports. Ces loisirs permettent, de surcroît, de développer la confiance en soi. Selon lui, pour être capable de créer, il faut connaître ses talents, s'aimer et être en contact avec son intériorité.

Il existe également d'autres facteurs liés à la dynamique familiale qui peuvent contribuer à la délinquance, entre autres, si les parents sont eux-mêmes des délinquants et qu'ils élèvent leurs enfants dans cette voie. L'éclatement des familles constitue un autre facteur de risque fréquemment associé à la délinquance. En outre, le niveau de supervision et d'implication des parents s'avère déterminant dans la vie de l'adolescent. Tout comme le jeune enfant, l'adolescent a des besoins fondamentaux qui doivent être satisfaits pour un développement optimal. Comme le montre le Docteur Allan Schore, les enfants dont les besoins fondamentaux d'amour et d'affection n'ont pas été comblés risquent davantage de développer des troubles de personnalité et plus particulièrement des troubles de personnalité antisociale, ou même de psychopathie.

Somme toute, le manque d'encadrement ou l'absence des parents à des moments critiques, comme ce fut le cas dans ma famille, peut entraîner des effets néfastes sur le développement de l'enfant. Selon le psychanalyste Guy Corneau, l'absence du père durant l'enfance serait étroitement liée à l'inconfort de nombreux hommes aujourd'hui et à leur peur de l'intimité. En amenant les pères à s'impliquer davantage dans l'éducation des enfants, nous pouvons espérer que se développe une nouvelle alliance entre eux. Le rôle traditionnel de la femme a aussi considérablement évolué au cours des dernières années. Les femmes travaillent davantage à l'extérieur de la maison et la relation avec leurs enfants s'est forcément transformée. Un certain équilibre semble maintenant s'établir en ce qui a trait à l'engagement des parents des deux sexes dans l'éducation de leurs enfants; un domaine qui, autrefois, incombait plutôt à la femme.

CHAPITRE II

Vivre dans la marginalité

———————————◆———————————

DE LA DÉLINQUANCE
AU MILIEU CRIMINALISÉ

À L'ADOLESCENCE, JE REGARDAIS L'ÉMISSION DE TÉLÉVISION AMÉRI-
caine *Hawaï 5-0* et j'imaginais mon futur mari comme l'un
de ces personnages audacieux. Détrompez-vous, mon attirance ne s'arrêtait pas sur Steve McGarrett, le policier héroïque. Il m'apparaissait bien trop impeccable et, de plus, il ne
semblait pas suffisamment fortuné à mon goût. J'étais plutôt
envoûtée par ces gangsters aux allures de durs à cuire pour
qui l'argent paraissait couler à flots et qui finissaient toujours par être emprisonnés ou se faire abattre. La richesse,
la beauté et le luxe qui semblaient inhérents au milieu du
crime organisé me fascinaient. Sans doute aussi que ce type
d'homme correspondait davantage au modèle de référence
amoureuse qui avait commencé à germer dans mon esprit
durant mon enfance.

En fait, nous obtenons souvent ce que nous désirons consciemment ou inconsciemment, comme le stipule d'ailleurs l'expression « Fais attention à ce que tu veux, car tu risques de l'avoir. » Mon désir à demi inconscient d'épouser un mafioso était en effet sur le point de se réaliser. Voilà qu'au printemps 1982, dans mon village natal, Terrebonne, le gangster dont je rêvais depuis longtemps m'apparaît comme par enchantement. Âgée de dix-sept ans à peine et facilement impressionnable, je connaissais déjà tous les malfrats de mon village. Celui-ci, pourtant, se démarquait des autres. Il paraissait fort élégant; veston, cravate et grosse voiture. C'était à s'y méprendre, on aurait pu le confondre avec un jeune homme d'affaires.

En le voyant pour la première fois, ma mère m'avait chuchoté à l'oreille qu'il ressemblait au fils du président des États-Unis. Indiscutablement, il nous en mettait plein la vue. Cependant, les apparences étaient trompeuses et nous le savions tous. Nous pouvions facilement nous imaginer ce que dissimulait son allure distinguée. Son attitude et sa manière de s'exprimer le trahissaient. Sous ses beaux complets, il portait un téléavertisseur à la ceinture, outil de communication peu courant à l'époque, et il exhibait de nombreux tatouages. Plus tard, il se fera tatouer une tête de tigresse sur la poitrine avec mon prénom juste au-dessus, en gage de son amour pour moi. En échange, il insistera pour que je me fasse tatouer ses initiales sur une fesse, ce que j'ai toujours refusé. Je me serais sentie comme du bétail qu'on marque au fer rouge. Les tatouages, maintenant très populaires chez les jeunes adultes, étaient mal perçus au début des années quatre-vingt; on les considérait comme l'apanage des toxicomanes, des criminels et des prostituées.

Patrick, qui allait plus tard devenir mon mari, m'avait été présenté par mon ami Carl, cet homme de trente-trois ans avec qui ma sœur avait voulu se marier à l'âge de dix-sept ans. Le premier soir où j'ai rencontré Patrick, alors âgé de vingt-six ans, nous avons bavardé toute la soirée, tout en reniflant de la cocaïne ensemble. Lorsque j'ai fait sa connaissance, je consommais de manière occasionnelle depuis environ un an. Patrick était reconnu comme le caïd du coin et il avait la réputation de frayer avec un important gang de Montréal. Si j'avais suivi mon instinct, je ne l'aurais pas revu après cette première rencontre, car il ne m'avait pas fait une bonne impression. Tout présageait ce qui allait suivre. Mais trop naïve à l'époque, je n'ai rien vu venir.

À mon réveil, le lendemain, j'ai songé momentanément qu'il valait mieux ne plus le revoir. Cependant, ce n'est pas du tout ce qui s'est produit, au contraire. Durant la matinée, Patrick m'a fait parvenir deux douzaines de roses rouges accompagnées d'une note d'invitation à souper le soir même. Tout le monde était excité, ma mère, mon ami Carl et moi. L'excitation avait atteint son paroxysme dans la maison.

En fait, Patrick m'a invitée dans un luxueux restaurant des Laurentides. Lors de cette première sortie officielle, il s'est montré fort galant. Il a déployé tout son charme pour me séduire. Il était tiré à quatre épingles; il portait son plus beau complet sur chemise et cravate assorties. Patrick était un bel homme; il avait les cheveux brun foncé très courts, mettant en évidence ses yeux couleur noisette. Parfois espiègle, son regard pouvait pourtant devenir impitoyable. Pendant le souper, il m'a même offert une magnifique bague sertie d'un diamant de cinquante points. Ce présent me paraissait prématuré et démesuré, puisque nous ne nous connaissions que depuis vingt-quatre heures à peine.

Le lendemain, ma mère semblait plus ébahie que moi par cette bague. Elle l'a fait miroiter au soleil pendant toute la journée pour s'assurer qu'il s'agissait véritablement d'un diamant. En fin de compte, ma curiosité l'a emporté et je l'ai fait évaluer par un joaillier pour apprendre qu'elle valait plus de quatre mille dollars. Un cadeau d'une aussi grande valeur ne pouvait laisser indifférente une jeune fille de dix-sept ans fascinée par le luxe. Cette bague allait constituer le premier d'une série de présents, tous plus somptueux les uns que les autres.

À partir de ce souper, tout s'est déroulé précipitamment. Je suis tombée follement amoureuse de Patrick. Nous sommes devenus instantanément des tourtereaux inséparables. À l'aube de mes dix-huit ans, je quittais le foyer familial pour amorcer ma vie d'adulte. Après trois semaines de fréquentations, j'emménageais dans l'appartement de Patrick, au centre-ville de Montréal. Nous n'avons habité que quelques semaines dans cet immeuble, où j'ai été témoin de l'agression d'une femme dans le vestibule. Après l'avoir molestée, un homme a pris la fuite sans que personne ne réussisse à le rattraper. Je ne voulais plus vivre dans ce quartier et nous avons déménagé à Terrebonne. Bien des années plus tard, Patrick m'a avoué qu'il avait commandé cette agression contre une voisine avec laquelle il s'était querellé pour des banalités. Il valait mieux ne pas entraver sa route durant ces années.

DÉCROCHAGE SCOLAIRE

Lorsque j'ai fait la connaissance de Patrick, je poursuivais encore mes études, en secondaire V. Nous étions au mois de mars et j'avais déjà accumulé énormément d'absences. Faisant fi des avertissements du directeur de l'école, je me suis absentée une semaine pour me rendre dans les Antilles avec Patrick. Quoi de mieux que de partir dans le sud avec mon beau gangster? Il y avait à peine un mois que je le fréquentais. Je n'avais jamais pris l'avion auparavant. Nous sommes allés à Haïti, au magnifique club Med *Le Boucanier*. J'avais l'impression de vivre un rêve et d'avoir remporté le gros lot à la loterie: les bijoux, les voyages, les soupers dans les restaurants chics. Tout ce luxe m'éblouissait, mais je ne réalisais pas encore que je m'engageais dans la période la plus obscure de ma vie. Dès ce premier voyage, j'aurais dû m'en douter: Patrick faisait la fête avec des étrangers, rentrant tard la nuit alors que je dormais depuis longtemps. Il annonçait déjà ses couleurs et le genre de vie qui m'attendait.

Durant ce séjour à Haïti, je fus troublée par la présence d'une pauvre fille qui, tout comme moi, accompagnait un homme qu'elle connaissait depuis peu. Elle avait été contrainte d'assouvir les désirs sexuels des trois hommes avec qui elle partageait sa chambre. Elle avait rencontré cet homme dans un club où elle travaillait comme danseuse nue. Elle sanglotait sans cesse lorsqu'elle téléphonait à sa mère, mais personne ne l'a secourue, pas même moi. De mon côté, Patrick me traitait comme sa femme, avec toutes les règles sous-entendues du milieu: je devenais sa propriété, son objet. À partir de cet instant, plus personne ne pouvait m'approcher.

Au retour des vacances, en raison du nombre trop élevé d'absences à mon dossier, je ne fus pas autorisée à faire les examens ministériels pour l'obtention de mon diplôme d'études secondaires. Le désintéressement de l'école, qui m'avait conduite au décrochage scolaire, s'était installé sournoisement au fil des années. Ma consommation de drogue a forcément exercé un impact négatif sur ma motivation. J'ai lentement décroché, puis j'ai cessé définitivement d'assister à mes cours. Je ne me préoccupais nullement de mes études et de mon avenir. J'accompagnais presque toujours Patrick et l'argent ne manquait pas. J'étais insouciante et je vivais dans l'illusion d'une belle vie facile, sans trop d'effort.

Je n'avais aucune idée du genre de travail qui m'intéressait. À l'époque, le secteur professionnel du cours secondaire n'offrait qu'une seule alternative : l'esthétique ou le secrétariat. J'avais opté pour l'esthétique et ma sœur aînée avait choisi le secrétariat. Ma carrière dans ce domaine fut de courte durée. Ma mère m'avait déniché un emploi d'assistante au salon où elle se faisait coiffer. Deux semaines dans un salon de coiffure ont amplement suffi pour que je réalise que ce métier ne me convenait pas du tout.

Les conseillers en orientation n'étaient pas encore très populaires et, dans ma famille, les études collégiales ou universitaires n'étaient pas encouragées. En réalité, je n'avais jamais envisagé d'entreprendre des études universitaires. Nous n'abordions pas ce sujet à la maison. L'université, c'était pour les autres, pas pour nous. L'une de mes sœurs a complété son secondaire, alors que les deux autres ont décroché, sans même finir leur secondaire III.

L'abandon de mes études coïncida avec le début de la période la plus tumultueuse de ma vie. Je ne travaillais pas et je n'en avais nullement l'intention. Je flottais dans une bulle où la réalité ne m'avait pas encore rattrapée. Je donnais l'impression d'être sereine, alors que je vivais dans le chaos total.

Déjà aux prémices de notre relation, Patrick se complaisait dans les règles du milieu criminalisé. Monsieur disposait de tous les droits en matière de relations extraconjugales. Mais sa femme représentait un objet lui appartenant. Elle ne devait pas transgresser la règle de la fidélité absolue, sous peine d'un châtiment sévère. Cette mentalité nous ramène à l'époque où les femmes étaient guillotinées sur la place publique pour adultère. Ce phénomène se perpétue d'ailleurs dans certaines cultures où la femme peut être tuée par des membres de sa famille, par ses frères, par exemple, si elle commet un acte sexuel avec un homme en dehors du mariage. L'infidélité n'est permise que pour l'homme. Cette règle constituait aussi une loi sous-entendue du milieu criminalisé, du moins dans mon entourage. Une de nos connaissances avait même tenté d'exciser sa femme sous prétexte qu'elle l'avait trompé. Elle avait dû se rendre à l'hôpital pour y subir des points de suture afin de refermer la plaie qu'il lui avait infligée.

Ma vie de *rêve* prenait une drôle de tournure; tout n'allait pas pour le mieux entre Patrick et moi. Notre relation était franchement malsaine. Dès les premiers mois de notre vie commune, il me trompait ouvertement. Tout le monde était au courant, sauf moi. Personne n'aurait jamais osé me le rapporter, par crainte de Patrick.

L'un de mes beaux-frères a d'ailleurs été rudoyé par un homme de main de Patrick, sous prétexte qu'il était sorti un soir dans un bar avec ma sœur et moi. Patrick avait ordonné à l'homme de bien faire comprendre à mon beau-frère qu'il lui était défendu de sortir dans les bars avec moi; il l'avait ensuite giflé. Un autre de mes beaux-frères a aussi été malmené par ce même homme, car certains objets avaient disparu de notre maison. Selon Patrick, mon beau-frère était le principal suspect. Il avait passé tout un mauvais quart d'heure et on lui avait fait des menaces. Mes mauvaises fréquentations produisaient un impact délétère sur ma propre existence, mais également sur celle de plusieurs personnes de mon entourage, dont mes sœurs et ces deux beaux-frères victimes d'intimidation.

La première personne avec laquelle Patrick m'avait trompée était nulle autre que l'une de mes sœurs; cela m'a profondément blessée. J'en ai beaucoup souffert et cela a contribué à renforcer mon propre besoin d'honnêteté envers les autres. Environ six mois après le début de ma relation avec Patrick, ma sœur et moi subissions chacune un avortement en même temps. Nous nous sommes rendues ensemble à la clinique du controversé docteur Henry Morgentaler. Je suppose que nous étions toutes les deux enceintes de Patrick. Il avait bénéficié du rabais « deux pour un », mais c'est moi qui ai payé le prix.

J'avais à peine dix-huit ans lorsque je me suis fait avorter. J'étais enceinte de neuf semaines. L'intervention s'est bien déroulée, dans le sens où il n'y a pas eu de complications. J'étais sous anesthésie locale, donc très consciente de ce qui se passait dans mon corps. Je me rappelle l'étrange sensation que j'ai ressentie lorsque l'appareil utilisé par le médecin cherchait à aspirer cet être minuscule qui prenait vie en moi. La succion de la machine dans mon corps m'a fait vivre un bref moment d'amertume.

Toutefois, j'étais convaincue qu'il s'agissait de la meilleure décision à prendre. C'est parfois un mal pour un bien lorsqu'un événement de la sorte survient dans la vie. Puisque je me droguais, cela aurait pu entraîner des séquelles sur le fœtus que je portais. Je ne pouvais pas m'imaginer procréer dans ces conditions. Bien que je n'aie jamais regretté de m'être fait avorter, je me suis souvent remémoré cette grossesse interrompue volontairement. Selon le médecin, le fœtus était de sexe masculin. Il m'arrive encore parfois de calculer l'âge qu'il aurait si j'avais mené cette grossesse à terme. Quel genre d'homme serait-il devenu? Aurait-il suivi les traces de son père? Ma vie aurait été totalement différente si j'avais mis cet enfant au monde.

Cette période correspond à mon immersion dans le monde criminalisé. Je découvrais en quoi consistait, au quotidien, ce style de vie trépidante : les téléphones sur écoute, les filatures, les amis louches, la fréquentation de certains criminels notoires. Lorsque j'ai connu Patrick, des accusations de vol à main armée, d'enlèvement et de séquestration pesaient contre lui, et ce, à vingt-six ans. Lors de son arrestation, Patrick avait été battu par des policiers, ce qui lui avait permis d'obtenir facilement une sortie sous cautionnement. Il avait fait courir les policiers dans les bois pendant quelques heures avant d'être capturé, ce qui les avait mis en colère. Patrick avait menacé de montrer aux journalistes des photos des ecchymoses que les policiers lui avaient infligées. En échange de son silence sur la manière dont son arrestation s'était déroulée et de la violence dont il avait été victime, les policiers lui avaient accordé une liberté provisoire.

À cette époque, les policiers ne mettaient pas toujours des gants blancs lorsqu'ils appréhendaient des malfaiteurs. De surcroît, ils avaient la réputation d'employer des techniques de torture barbares pour *persuader* les individus de confesser leur crime. Toutes sortes de rumeurs et d'histoires horribles circulaient à ce propos dans le milieu, comme celle du bottin téléphonique appuyé sur le visage pour ne pas laisser de marque lors des coups, jusqu'au manche à balai dans le rectum. Difficile de déterminer si ces histoires relèvent de légendes urbaines ou si elles sont réelles. Par ailleurs, il semble y avoir eu un retour du balancier; on n'entend plus parler d'atrocités de ce genre. Au contraire, les policiers agissent avec beaucoup de précaution lorsqu'ils procèdent à une arrestation, car ils craignent les représailles. À un excès correspond un rééquilibrage : par exemple, autrefois les gens fumaient partout dans les endroits publics sans égard pour les non-fumeurs, alors qu'aujourd'hui les fumeurs peuvent à peine fumer à l'extérieur sans être importunés.

Patrick était donc sorti de prison, mais plusieurs accusations pesaient toujours contre lui. Je l'accompagnais fréquemment au tribunal. La date de son procès était sans cesse reportée. Je découvrais peu à peu les rouages du système judiciaire, mais de la mauvaise façon. Effectivement, j'apprenais plutôt les trucs pour déjouer le système. J'étais souvent avec Patrick et je connaissais de plus en plus ses activités. Fort heureusement, j'étais tenue à l'écart de certaines manigances. Je crois que le fait de ne pas avoir été au courant de tout ce qui se passait m'a sauvé la vie.

Certains membres de la famille de Patrick évoluaient aussi dans le milieu criminalisé et faisaient parfois des séjours en prison. Comme je faisais désormais partie du clan, j'ai accompagné Patrick, à quelques reprises, pour leur rendre visite. J'ai visité presque toutes les prisons du Québec durant mes années de mariage avec lui. Je ne peux pas prétendre qu'il tentait de me leurrer, car il me dévoilait son véritable visage.

Après environ une année de vie commune, Patrick a fini par être condamné à quarante-huit mois d'emprisonnement pour les accusations qui pesaient contre lui. Lors de son incarcération, qui a duré environ une année, j'ai essayé de prendre la relève de ses affaires avec l'un de ses acolytes. J'étais belle à voir : à peine dix-neuf ans et un téléavertisseur à la ceinture, conduisant une grosse voiture de l'année. Mon style vestimentaire traduisait le type d'existence que je menais : les cheveux blond platine, des souliers aux talons aiguilles qui, étrangement, avaient souvent la pointe des talons usées : personne ne pouvait s'y méprendre, j'avais l'allure d'une fille du milieu.

J'ai dû consulter un dermatologue parce que j'avais des démangeaisons aux poignets causées par une allergie à un parfum. Ce spécialiste s'était montré très expéditif : il avait carrément refusé de m'examiner, prétextant qu'il me traiterait uniquement lorsque j'aurais redonné à mes cheveux leur teinte naturelle. J'ai quitté son bureau en croyant qu'il était fou à lier. Je l'avais trouvé tellement bizarre. Cependant, avec du recul, je comprends mieux sa réflexion. Ma chevelure décolorée et ma maigreur témoignaient du genre de vie marginale que je vivais et ce médecin s'en était aperçu. Peut-être voulait-il m'aider en m'envoyant des signaux sous forme de recommandations, mais mes antennes n'étaient pas réceptives pour les capter.

Je suis demeurée fidèle à Patrick pendant l'année où il a purgé sa peine. Je le visitais plusieurs fois par semaine et je veillais à ce qu'il ne manque de rien, au risque de m'occasionner des ennuis. Je faisais tout pour lui, voyant, entre autres, à lui apporter ses fameux cigares Montecristo à vingt-cinq dollars l'unité. La prison, quel bel endroit de réhabilitation pour un malfaiteur assidu! À mon avis, il s'agit plutôt d'un point de rencontre où les malfaiteurs peuvent tisser de nouveaux liens entre eux. Le célèbre Marcel Talon, qui s'est fait connaître dans les années quatre-vingt-dix pour avoir tenté de cambrioler une banque en creusant un tunnel à partir des égouts de Montréal, était d'ailleurs incarcéré dans la même aile que Patrick.

Un jour où je rendais visite à Patrick, des policiers fédéraux m'ont interceptée à l'entrée de la longue allée menant au pénitencier. Connaissant parfaitement mes droits, lorsqu'ils m'ont ordonné d'ouvrir le coffre arrière de ma voiture, j'ai exigé de voir leur mandat de perquisition. Ils n'en détenaient pas. Ils n'étaient donc pas autorisés à fouiller de fond en comble; ils pouvaient seulement balayer du regard, en surface, sans rien déplacer. Je me suis sentie extrêmement nerveuse lors de cette arrestation informelle. Patrick m'a rapporté par la suite que des rumeurs circulaient à mon sujet; on prétendait que j'entrais de la drogue au pénitencier. C'était probablement pour cette raison que les policiers m'avaient appréhendée.

Patrick a été incarcéré pendant une année dans un pénitencier fédéral à sécurité minimum. Par la suite, il a obtenu sa libération conditionnelle. En prison, il était considéré comme le roi de son aile parce qu'il était à l'aise financièrement. Le réfrigérateur des détenus débordait de filets mignons lui appartenant. Lors d'une fête qui s'était déroulée dans la cour du centre de détention, à laquelle les visiteurs avaient la permission d'assister, il m'avait fait voir sa cellule. Nous nous y étions introduits par la fenêtre, à l'insu des gardiens, et nous avions fait l'amour. Assurément, il ne s'agissait pas d'un pénitencier à sécurité maximum.

Un peu plus tard, Patrick dut faire un séjour de quelques mois en maison de transition. Durant la journée, il sortait pour travailler, mais il devait rentrer le soir pour y dormir. Puisqu'il s'avérait obligatoire qu'il occupe un emploi pour obtenir sa libération, il travaillait au commerce de mon père. C'était aberrant; il servait parfois les clients en manteau de fourrure ou en complet avec ses bijoux scintillants ornés de diamants... Mais, graduellement, il reprenait ses activités douteuses. Lorsqu'il avait des rendez-vous soi-disant importants, je le remplaçais à son travail. Comme c'était l'hiver, il me faisait porter son manteau et son chapeau de fourrure à la Daniel Boone arborant une queue de raton laveur. Il croyait que si les policiers patrouillaient pour s'assurer de sa présence au travail, de loin, ils se méprendraient. Par contre, cette supercherie m'effrayait quelque peu. Je ne me sentais pas à l'aise à l'idée que les gens puissent me confondre avec lui. Si quelqu'un avait voulu le tirer, c'est moi qui y aurais laissé ma peau.

Après sa remise en liberté, notre vie a repris de plus belle. Nous passions nos soirées et nos nuits dans les bars. Nous vivions comme des oiseaux de nuit et nous dormions le jour. Nous nous couchions fréquemment à l'aube. La plupart des gens du milieu que nous fréquentions craignaient Patrick. Un soir, il avait décidé d'insulter un gardien de sécurité dans un bar de notre région. Le gaillard, un véritable colosse, était assis sur un tabouret, se trouvant ainsi à la hauteur de Patrick qui n'était pas grand. Il tournait autour de lui, le regardant d'un air condescendant, et il l'insultait. Le gardien ne bronchait pas. Patrick m'avait alors expliqué qu'il testait son niveau de tolérance.

Patrick s'était taillé une réputation dans le milieu des bars et également auprès des policiers. Un jour, un agent du quartier où nous habitions l'avait intercepté sans motif valable. Le policier, fort sympathique, lui avait mentionné en souriant qu'il entendait parler de lui à tous les jours au poste de police et qu'il voulait simplement mettre un visage sur son nom. Patrick semblait fier de jouir d'une telle notoriété; ce qui lui conférait de l'importance. Les motards n'avaient pas encore envahi tous les secteurs de la ville et de ses environs. Les bars en banlieue de Montréal étaient alors contrôlés par des gangs indépendants qui possédaient des territoires bien circonscrits.

Pendant toutes les années où j'ai vécu avec Patrick, j'avais extrêmement peur que nous nous fassions abattre. Nous frayions effectivement dans un monde très dangereux, mais mes peurs s'amplifiaient sous les effets de la cocaïne.

J'étais souvent terrifiée et, d'après mes souvenirs, cela n'était pas sans raison. En effet, quelques personnes que je connaissais avaient été assassinées. Pour la plupart, elles avaient été victimes de règlements de compte, comme cela se produit fréquemment dans les milieux du crime organisé. Je me couchais souvent à l'aube, lorsque les premiers rayons du soleil pointaient à l'horizon. À la lueur du jour, j'avais moins peur d'être tuée pendant mon sommeil par un homme armé qui ferait irruption dans la maison. Je vivais sous une tension constante.

Patrick ne semblait pas trop inquiet. Du moins, il ne le laissait pas paraître, même s'il ne dormait jamais profondément. Si je m'adressais à lui au cours de la nuit, il me répondait toujours comme s'il n'était qu'assoupi. Il demeurait vigilant aux stimuli extérieurs, à l'écoute de tout ce qui aurait pu lui sembler suspect. Son sommeil se maintenait au niveau du sommeil léger, comme s'il n'accédait jamais à un sommeil profond. Cela me rassurait; il montait la garde en quelque sorte, comme le faisaient les deux chiens à l'extérieur. Si un tueur pénétrait dans la maison et faisait feu sur nous, j'étais convaincue que Patrick aurait le temps de saisir son arme et de riposter.

Patrick et moi ne parlions jamais du danger que nous encourions. Pour ma part, je le ressentais à fond. Nous dormions avec une carabine de calibre douze coupée, chargée en permanence et placée à côté du lit, facile d'accès, prête à être utilisée en cas d'invasion de notre domicile. Cette arme, qui m'appartenait pour l'avoir acquise dans un magasin d'armes, a été confisquée par les policiers lors d'une perquisition dans notre maison.

Patrick jugeait certaines périodes plus mouvementées ou plus dangereuses que d'autres. Dans ces cas-là, nous avions, en plus de la carabine, un pistolet de calibre quarante-cinq chargé, placé sous l'oreiller. Patrick se tenait aux aguets, prêt à dégainer son arme sur tout individu qui se serait introduit par effraction dans notre demeure durant la nuit. Notre maison, qui était munie d'un système d'alarme hautement sophistiqué, ressemblait à une forteresse. Des caméras de surveillance étaient disposées à l'intérieur comme à l'extérieur pour repérer toute personne rôdant aux abords de notre terrain. Les portes donnant sur l'extérieur étaient doubles, sans fenêtre et munies de plusieurs loquets. Les cadres de porte étaient renforcés par des armatures de métal, mais les boucliers utilisés par les policiers pour défoncer les portes en étaient venus à bout. Quant aux deux chiens de garde à l'extérieur, l'un surveillait l'avant de la maison, alors que l'autre sillonnait la cour arrière. Patrick ne les nourrissait qu'au matin, car il voulait qu'ils restent alertes toute la nuit. Les chiens aboyaient dès que quelqu'un s'approchait de la maison. L'un d'eux, un très beau berger allemand, était dressé pour l'attaque.

Mon souhait s'était réalisé; ma vie ressemblait indéniablement aux scènes visionnées dans *Hawaï 5-0*. Par contre, je découvrais de nombreuses ombres au tableau. Je n'avais pas anticipé toutes les facettes lorsque je m'étais imaginé ce style d'existence. L'action se déroulait sans répit, mais, pour tout dire, il s'agissait plutôt d'agitation. Après deux années de vie commune, une escouade de policiers s'était présentée à notre domicile pour aviser Patrick que quelqu'un voulait supposément attenter à sa vie. Une connaissance de Patrick avait joint le rang des délateurs. À bien y réfléchir, la venue des policiers ressemblait davantage à une tactique pour tenter de persuader Patrick de collaborer avec eux. C'était mal le connaître; il raisonnait en vrai dur à cuire de la vieille école. Sa mentalité, c'était plutôt crever que de devenir délateur. Après la visite des policiers, il se déplaçait constamment escorté d'un garde du corps armé et il portait un gilet pare-balles. Ce n'était pas très rassurant de se tenir à ses côtés. J'enfilais aussi un gilet pare-balles lorsque je l'accompagnais. Après quelques mois de ces mesures de sécurité extrêmes, il a enfin consenti à baisser la garde.

Ma vie était constellée de perpétuelles émotions négatives: peur, anxiété, colère, dégoût et jalousie. Ces émotions n'engendraient que du découragement et du désespoir. À mon vingt-et-unième anniversaire de naissance, Patrick avait organisé une *surprise-party*. À part mes parents, presque tous les convives étaient drogués à la cocaïne. Dans l'une des chambres, des dizaines de lignes de cocaïne étaient alignées sur un miroir disposé sur une commode, n'attendant qu'à être consommées par les invités. Vous pouvez vous imaginer l'ambiance qui se dégageait de cette célébration... Le tout se déroulait dans notre luxueuse cour arrière, au bord de la piscine creusée. Les membres de ma famille et nos amis du milieu s'entremêlaient sans cohérence. Pour la circonstance, Patrick m'avait offert une motocyclette de marque Harley Davidson et un magnifique collier serti de diamants. De plus, un avion survolait le quartier avec une banderole déployant le message: «Joyeux anniversaire à mon épouse adorée».

Patrick appréciait le sensationnalisme. Il prenait plaisir à en mettre plein la vue aux gens. Tout comme lui, certains de ses amis se comportaient de manière excentrique. L'un d'eux avait d'ailleurs offert à ma mère un splendide manteau de vison noir, sorti directement de chez le fourreur. Il s'agissait d'un présent tout à fait insensé. Je suppose qu'il comptait sur un éventuel retour d'ascenseur de la part de Patrick! Ma mère avait beaucoup hésité avant d'accepter ce magnifique manteau. Nous l'avions tous encouragée à le garder.

Lors d'un autre anniversaire, Patrick m'avait offert une valise remplie de billets de un dollar, au lieu de me donner de l'argent en grosses coupures. J'ai beaucoup moins apprécié son originalité le jour où il m'a remis mon dû en pièces de un dollar à la suite de notre séparation. Au fond, les idées particulières de Patrick dénotaient son ingéniosité, qu'il n'utilisait cependant pas à bon escient. Il l'exploitait plutôt pour élaborer des plans retors.

Un jour, il s'était disputé avec une voisine qui se plaignait du vacarme de nos motocyclettes. Nous avions enlevé les tuyaux d'échappement de nos Harley Davidson pour obtenir un bruit plus bourdonnant, ce qui dérangeait le voisinage. À la suite de cette dispute, il était entré dans la maison pour se rendre précipitamment dans la cuisine et s'emparer d'un couteau pour se taillader le bras au sang. Il avait ensuite appelé les policiers pour déposer une plainte d'agression. Il leur avait raconté que la femme l'avait attaqué et griffé au bras. Les policiers n'avaient eu d'autre choix que d'enregistrer sa déclaration, bien qu'ils semblaient sceptiques. Patrick était reconnu pour régler ses comptes lui-même, alors ils ne comprenaient pas qu'il ait eu recours à eux cette fois. Par la suite, la pauvre dame ne sortait plus de chez elle sans être escortée par quelqu'un. Après s'être payé sa tête pendant quelques semaines, Patrick a retiré sa plainte.

Ce que je ne pouvais prévoir à propos des somptueux cadeaux dont Patrick me couvrait, c'est qu'il allait me les enlever chaque fois que nous nous disputions ou que nous nous séparions. Je devais alors lui rendre tous les bijoux et autres cadeaux qu'il m'avait offerts. Nous nous séparions plus de deux fois par année, rien de moins. C'était devenu une véritable risée; il reprenait mes bijoux pour les offrir à d'autres femmes, pour ensuite leur enlever et me les redonner... Je les avais baptisés les bijoux de famille, ce qui évoquait une double connotation, car il disposait de ses propres bijoux de famille de la même manière, au sens métaphorique, bien entendu. Un jour, j'en ai eu assez de ce manège et j'ai accepté les cadeaux à l'unique condition qu'il promette de ne plus jamais me les réclamer, même si nous venions à nous séparer de nouveau. Il a respecté sa parole.

Cette situation tenait vraiment du paradoxe; je vivais dans le luxe et je portais des bijoux valant des dizaines de milliers de dollars, mais, lorsque nous rompions, je n'avais pas suffisamment d'argent pour me nourrir. Je possédais, entre autres, une montre en or sertie de diamants de marque renommée d'une valeur de vingt mille dollars et trois splendides manteaux de fourrure. En revanche, je ne disposais d'aucune ressource pour subvenir à mes besoins dans le quotidien. Je dépendais financièrement de Patrick, il en était pleinement conscient et en profitait. Il savait que je finissais toujours par revenir auprès de lui.

Cette relation malsaine de dépendance a duré pendant plus de huit ans. Le quitter une fois pour toutes n'était pas si simple. Malgré tout ce que j'endurais, j'éprouvais encore de l'amour pour lui. Il m'a fallu toutes ces années pour comprendre que je m'enlisais dans la mauvaise direction et pour trouver le courage de fuir cette situation infernale. Je présume que ces expériences s'avéraient incontournables dans le parcours de ma vie. Certaines personnes s'en réchappent beaucoup plus rapidement, tandis que d'autres n'y parviennent jamais. Chacun est maître de sa propre destinée et les détours s'avèrent parfois interminables avant de trouver le droit chemin.

MON ARRESTATION

Un soir que nous étions attablés dans un bar, un homme d'affaires, bien connu dans la région, m'aborda en me comparant à la Sainte Vierge. Pourtant, il existe un proverbe populaire qui dit : « Il faut se méfier des eaux qui dorment. » J'étais loin d'être angélique. À l'âge de dix-neuf ans, on m'avait arrêtée pour possession de drogue dans le but d'en faire le trafic.

Un samedi matin, alors que j'étais seule à la maison, la Gendarmerie royale du Canada (GRC) procéda à une perquisition, munie de leur gros arsenal. Simultanément, d'autres descentes avaient lieu ailleurs. Les policiers défoncèrent la porte avant avec un bouclier. Il devait y avoir environ douze à quinze policiers armés, dont certains appartenaient au groupe tactique d'intervention, communément appelé SWAT. Ils criaient très fort et couraient dans toutes les directions. C'était terrifiant ! J'avais les bras dans les airs et l'un

des policiers me fouillait pendant que deux autres pointaient leur carabine vers moi.

Les policiers ont fouillé la maison de fond en comble. Ils
ont trouvé de la drogue et une balance dans ma chambre. La
drogue était étalée ostensiblement sur le parquet; il y avait
des sachets répandus çà et là. J'ai vraiment été prise sur le
fait. Les policiers m'ont mise en état d'arrestation et m'ont
menottée. Ils m'ont fait monter dans une voiture de police
et ils m'ont conduite au poste de police où j'ai subi un bref
interrogatoire. Mes réponses laconiques ont vite fait de
décourager l'enquêteur qui me questionnait. Avec beaucoup
d'insistance, il réclamait le nom de la personne qui utilisait
habituellement mon camion. Je n'ai pas répondu clairement
à cette question. Ce que j'ignorais, mais que j'ai appris plus
tard, c'est qu'il y a eu un délit de fuite avec mon camion
devant mon domicile durant cette même matinée. Les policiers voulaient connaître le nom du conducteur. J'en ai
déduit par la suite qu'il valait mieux se taire lors d'interroga-
toires lorsque nous frayons dans le milieu interlope.

Je fus accusée de possession de drogue dans le but d'en
faire le trafic. J'ai ensuite été conduite à la prison pour femmes de Montréal où j'ai été incarcérée pendant quelques
jours. C'était la fin de semaine et il fallait attendre en début
de semaine pour se présenter devant le tribunal et soumettre une demande de sortie sous caution. Quelle expérience!
Je croyais avoir visité toutes les prisons du Québec, mais la
prison pour femmes manquait à ma culture... Cette fois, la
situation s'avérait bien différente; j'étais la prisonnière.

Dès mon arrivée à la prison, j'ai eu droit à une fouille
exhaustive avant d'être envoyée sous la douche sous la sur-

veillance d'une gardienne. Elle vérifiait que je ne camoufle rien. J'ai ensuite été escortée jusqu'à ma cellule. Moi qui étais si fière d'ordinaire, je ne disposais d'aucun produit coiffant, ni séchoir pour mes cheveux, ni trousse de maquillage. Une gardienne m'a remis un peigne en plastique, ce qui rendait la tâche ardue pour démêler mes cheveux complètement desséchés par la décoloration. Ce n'était pas l'endroit pour faire des caprices. J'étais une criminelle et on me traitait comme telle.

Il y avait des femmes endurcies dans l'aile où j'étais emprisonnée. L'une subissait son enquête préliminaire pour le meurtre de son mari, alors qu'une autre était accusée de voies de fait graves. Nous étions toutes des détenues avec une cause en suspens, soit en attente d'une caution ou d'un procès. Je me suis efforcée de garder mes distances. À huit heures le soir, je m'enfermais dans ma cellule jusqu'au lendemain matin. Trois jours dans ce lieu m'ont largement suffi pour faire une première prise de conscience sur mon existence. Impossible d'oublier ce genre d'expérience. Vingt-six ans plus tard, mon souvenir demeure limpide. Être privé de sa liberté provoque une sensation effroyable. Durant ce séjour, j'ai pris le temps de réfléchir et j'ai décidé de changer de vie à ma sortie de prison. J'avais de bonnes intentions, comme celle de travailler. Je commençais à prendre conscience de la portée de mes actes.

Puisque cela correspondait à ma première infraction au Code criminel, mon avocat a facilement obtenu un cautionnement pour me faire sortir de prison. J'ai donc pu recouvrer ma liberté après trois jours de détention. J'exultais à l'idée de quitter la prison et j'avais la ferme intention de ne pas y retourner. Il s'ensuivit une tentative de réhabilitation. Patrick et moi avons acheté un restaurant dans le but d'être dans le droit chemin. À l'amorce de notre nouvelle carrière dans la restauration, nous avions décidé d'un commun accord de vivre normalement. J'étais serveuse et je faisais la comptabilité, alors que Patrick s'occupait de la cuisine et de la livraison. Nous avions engagé quelques employées pour nous assister. Le changement de style de vie s'avérait radical. Nous n'étions pas habitués à travailler et à respecter des horaires réguliers.

Les dépenses exorbitantes appartenaient au passé. Nous avons substitué des modèles plus modestes à nos luxueuses voitures. J'ai appris la conduite manuelle en livrant de la pizza. Pas idéal comme condition. J'éprouvais des problèmes d'embrayage et lorsque je ralentissais pour voir les adresses, le moteur calait à tout coup.

Nous étions guidés par la volonté de vouloir changer de style de vie, du moins pendant quelques mois. Toutefois, les gens du milieu s'entêtaient à croire que Patrick dirigeait toujours ses affaires et que le restaurant lui servait de couverture pour apaiser les soupçons des policiers. Un enquêteur impliqué dans ma cause est venu nous voir au restaurant avant que je reçoive ma sentence. Il voulait s'assurer que j'étais désormais devenue une honnête citoyenne. Il m'a mentionné qu'il était préférable que je travaille dans mon restaurant plutôt que dans l'autre établissement qui se trouvait dans le même centre commercial. Cet endroit auquel il faisait allusion était un café de nuit clandestin, qui fonctionnait essentiellement après la fermeture des bars. J'avais ouvert ce café avant mon arrestation, mais je l'avais vendu par la suite. Il était maintenant tenu par des connaissances à nous.

Finalement, je fus condamnée à une amende de quatre cent dollars et à deux années à garder la paix pour les accusations de possession de drogue qui pesaient contre moi. Il était crucial que je ne commette pas de délit durant cette période, sinon je serais retournée en prison et la peine aurait été infiniment plus sévère pour une seconde offense. Le système judiciaire est conçu de manière à nous accorder une chance lors d'une première infraction. Certains condamnent cette clémence, alors que les récidivistes s'en réjouissent.

Malheureusement, la réhabilitation n'a duré qu'un temps. Le travail au restaurant et la discipline que cela exigeait, comme se lever à cinq heures du matin, étaient insupportables. Patrick, habitué à faire excessivement d'argent, était découragé par sa tentative de réintégrer la société. Il ne se sentait plus respecté. Les gens qu'il côtoyait autrefois sortaient du café d'à côté aux premières lueurs du jour et venaient se faire servir le déjeuner par nous. Patrick se croyait en danger ainsi exposé derrière le comptoir où, de surcroît, il s'ennuyait à mourir. La vie rangée ne lui convenait pas. Après quelques mois, il n'a plus mis les pieds au restaurant; j'en assumais alors l'entière responsabilité. Moi non plus, je n'appréciais pas particulièrement mon travail dans la restauration. Nous avons vendu le commerce un an plus tard. Un séjour en prison, c'est comparable à un accouchement; dans le sens qu'avec le temps, nous oublions à quel point c'était douloureux.

Patrick avait toujours la tête remplie de plans machiavéliques. Pendant un certain temps, je l'ai soupçonné de me faire prendre des somnifères à mon insu pour pouvoir sortir pendant mon sommeil. Je faisais des blagues à ce propos, alors que ce n'était pas drôle du tout. La situation devenait plutôt pathétique. Après une soirée tranquille à la maison où tous les deux, supposément, nous nous étions couchés tôt après avoir regardé un film, ma sœur l'avait croisé dans un bar et m'en avait fait part. Ce soir-là, il m'avait préparé un délicieux *sundae* aux fraises. Je demeure convaincue qu'il y avait incorporé des somnifères. Après cet incident, je n'acceptais plus rien à manger ou à boire de sa part. D'ailleurs, je me rappelais vaguement m'être réveillée cette nuit-là, à demi consciente et incapable de bouger. Je gardais un souvenir flou de l'avoir vu fermer doucement la porte après avoir fait sortir le chien de la chambre.

C'était terrifiant de vivre avec un homme, mon mari, que je suspectais de me droguer pour pouvoir sortir dans les bars et draguer d'autres femmes... ou pire encore. Pourtant, ce n'était pas encore assez pour que je le quitte; j'avais besoin de descendre encore plus bas, de toucher le fond de mon abîme. Je devais vivre d'autres expériences encore plus abjectes avant de me décider à réagir et à prendre ma vie en main.

Ma sœur m'avait également rapporté avoir rencontré Patrick sur son cheval, lors d'une randonnée équestre dans les bois; il était accompagné d'une jeune femme. Il s'ensuivit une guerre entre ma sœur et Patrick qui a duré au moins deux ans. Je me sentais déchirée par leurs querelles incessantes. Patrick avait averti tous les propriétaires de bar de la

région de ne pas autoriser ma sœur à entrer dans leur établissement sous prétexte qu'elle causerait des problèmes.
Ces avertissements semblaient plutôt être dictés par un
esprit de vengeance. Lorsque nous sortions, il pouvait décider à brûle-pourpoint de faire une vérification dans un bar
pour s'assurer qu'elle ne s'y trouvait pas. Ça commençait à
frôler l'obsession.

Je le soupçonne aussi d'avoir déjà voulu se débarrasser
de moi. Lors de l'une de nos nombreuses séparations,
j'effectuais des courses pour lui et sa bande. Un soir, son
associé, Francis, et moi devions aller chercher quelqu'un et
le conduire dans les Laurentides. Le jour prévu, lorsque je
suis arrivée chez Francis en début de soirée, il a prétexté que
le camion que nous devions utiliser était en panne. Il avait
même ouvert le capot du camion. J'ai cru qu'il était un frous-
sard. En fait, bien des années plus tard, il m'est apparu évident que j'étais la cible visée par cette opération et que
Francis m'avait probablement sauvé la vie en refusant de me
conduire dans le nord.

DÉPENDANCE AUX DROGUES

Mes problèmes ne se limitaient pas aux trahisons de mon
mari et au monde dangereux dans lequel je vivais. Depuis
quelques années, j'avais développé une dépendance mar-
quée à la drogue. Après environ cinq ans de consommation
de cocaïne, j'étais devenue paranoïaque et au bord de la
psychose. Au cours de ma dernière année de consommation, je passais des journées entières à *sniffer* de la cocaïne

en compagnie de Patrick, parfois jusqu'au lendemain matin. Il m'est même arrivé, à quelques reprises, de sauter une nuit entière et de me coucher le soir suivant. Je ne me souciais pas d'en manquer. Je disposais d'un sac à portée de la main. Je n'avais pas à payer pour ma consommation de drogue, du moins pas avec de l'argent.

Je me défonçais tous les jours. La cocaïne régulait ma vie. Ma santé physique et psychique dépérissait à vue d'œil; j'étais squelettique. Mon poids oscillait entre quarante-quatre et quarante-sept kilos, alors que j'en pesais cinquante-cinq quelques années auparavant. Mon teint, horriblement blafard, avait perdu tout son éclat et j'avais des saignements de nez. J'avais l'impression que mes narines s'élargissaient et que mes yeux sortaient de leur orbite. Mon délire de persécution s'était aggravé au point que je pouvais passer la nuit entière à surveiller par la fenêtre pour m'assurer que personne ne rôdait autour de la maison. Mon niveau de paranoïa avait atteint son paroxysme. Mon pouls s'accélérait lorsque je consommais trop de drogue dans une journée. J'avalais alors un calmant pour tenter de ramener les pulsations à la normale et, lorsqu'il semblait s'être régularisé, je recommençais à prendre de la cocaïne. Je mettais ma vie en péril en jouant ainsi avec mon système cardiovasculaire, sans me soucier des conséquences. Un mauvais dosage aurait pu me tuer.

Sous l'effet de la cocaïne, j'éprouvais un malaise psychique et physique; j'aurais voulu me trouver ailleurs, dans un autre corps. Je m'imaginais que le monde entier tramait des complots contre moi et mon mari. Je croyais que les gens me détestaient et médisaient sur mon compte. Je ne confiais à personne ce que je vivais. Introvertie, je n'extériorisais pas mon malaise.

Lorsque nous rencontrions nos amis, pour la plupart des toxicomanes, nous finissions immanquablement par *sniffer* une ligne de cocaïne. Nous ne savions jamais quand la fête se terminerait. D'ailleurs, certains membres de ma famille ont également éprouvé des problèmes de consommation de drogue. Voilà donc un autre aspect des constantes familiales: la dépendance aux drogues et à l'alcool.

Je n'ai pas compris que j'avais développé une dépendance à la cocaïne, puisque je n'ai jamais senti de bien-être lorsque j'en consommais, même pas au début. L'infime effet aphrodisiaque des premiers mois s'est rapidement dissipé et ne compensait nullement l'ampleur de mon malaise. Cette drogue détruisait mon corps. Je devenais lentement une épave, une loque humaine. Mon cerveau ramollissait sous les effets pervers de la drogue et mon jugement se trouvait parfois altéré.

J'avais atteint un seuil intolérable. Il fallait qu'un changement se produise. Je ne m'explique pas encore comment j'y suis parvenue sans intervention thérapeutique. Mon calvaire aurait sans doute duré moins longtemps si j'étais entrée en centre de désintoxication. Néanmoins, j'ai cessé de renifler de la cocaïne à l'âge de vingt-deux ans. Un beau matin, j'ai décidé d'arrêter de consommer de la drogue et de fumer la cigarette. J'avais commencé à fumer à l'âge de treize ans et à me droguer à quinze. Le moment était venu de procéder à l'élimination des substances chimiques dans mon corps. Les premières semaines se sont avérées affreusement pénibles; je souffrais de certains symptômes associés au sevrage, tels que la fatigue, l'irritabilité et l'anxiété. L'envie irrépressible de la cocaïne a aussi persisté pendant quelques semaines.

Ma récupération psychique a été excessivement longue en ce qui concerne les épisodes de paranoïa que j'avais vécus sous les effets de la cocaïne. Cela m'a pris des années d'abstinence avant de ne plus ressentir du tout le genre de malaise que j'éprouvais lorsque je me droguais. Après avoir cessé de consommer de la cocaïne, je suis restée sensible pendant plusieurs années en présence de personnes droguées. Il m'arrivait de sentir leur désarroi et de devenir angoissée à mon tour, principalement dans les endroits clos. Mon malaise s'estompait en m'éloignant des gens qui consommaient, quoiqu'il fallût quelques années avant que cela disparaisse entièrement. Voilà, c'est ainsi que j'avais réussi à détruire les premières années de ma vie d'adulte.

J'ai quand même continué à fréquenter des personnes qui se droguaient, principalement des cocaïnomanes. Lorsque nous sortions avec des amis, j'étais souvent la seule à ne pas consommer, ce qui créait parfois un froid. À vrai dire, à jeun, je ne vibrais plus au même diapason qu'eux. Lors des soupers entre amis, j'allais parfois me coucher lorsque la soirée s'éternisait. À mon lever, ils étaient tous encore éveillés. Le fait de les voir ainsi amochés m'a confortée encore davantage dans ma sobriété. Un matin, j'ai même vu un ami uriner dans l'évier de la cuisine de sa propre maison, alors qu'il se croyait dans les toilettes. Je l'ai filmé. Après avoir visionné la scène, il était tellement abasourdi par sa conduite qu'il a cessé de consommer lui aussi. Malheureusement, il a recommencé quelques mois plus tard.

Les ravages de la drogue ne présentaient pas un spectacle réjouissant : un jour, j'ai rencontré une jeune femme qui s'était fait sectionner le nez. La gangrène s'était logée dans ses parois nasales à cause de sa consommation chronique de cocaïne. Elle avait seulement deux trous dans le centre du visage à la place du nez, qu'elle essuyait constamment avec un mouchoir. Aussi incroyable que cela puisse paraître, cette femme, mère d'une fillette de trois ans, continuait de consommer. Elle est sans doute morte aujourd'hui. Un membre de ma famille a eu la cloison nasale transpercée à l'intérieur à force d'avoir inhalé de la cocaïne. Je connais une autre femme dont les narines sont tellement élargies qu'elle a totalement perdu sa beauté d'autrefois. Il arrive un temps où le corps ne tient plus le coup face à toutes les substances toxiques qu'on y a insérées. Toutes les cellules du corps deviennent en état de choc.

J'avais cessé de me droguer, mais cela ne représentait qu'une étape de franchie vers une vie meilleure. J'en avais encore plusieurs autres à traverser. J'allais devoir connaître de nombreux autres déboires. Je n'avais pas encore décidé de me séparer définitivement de Patrick; nous avions vécu une série de montagnes russes avec nos séparations intermittentes. Je ne songeais pas non plus à changer complètement mon style de vie. Après avoir cessé de prendre de la drogue, j'avais commencé à boire de l'alcool. C'était une autre spirale destructive qui m'attendait.

Il existe sans contredit une composante héréditaire concernant les dépendances aux drogues et à l'alcool. Depuis longtemps, l'alcoolisme est reconnu comme ayant une composante génétique, se transmettant d'une génération à l'autre. Il a été montré que, dans une même famille, nous retrouvons fréquemment des cocaïnomanes et des alcooliques. Par conséquent, certains scientifiques ont émis l'hypothèse que ces deux groupes seraient susceptibles de partager une vulnérabilité génétique commune.

Il ne faut toutefois pas négliger le facteur environnemental dans les problèmes de consommation de drogues. Les fréquentations jouent un rôle crucial dans cette problématique. Des traits de personnalité préexistants, comme la recherche de sensations fortes et le comportement antisocial, constituent également des facteurs prédisposant à des problèmes de consommation.

Une consommation chronique de cocaïne peut entraîner de nombreux problèmes de santé, dont des lésions perforantes pouvant mener à la nécrose des parois nasales, des troubles du rythme cardiaque et des troubles de l'humeur. Quant au système nerveux, la prise de cocaïne peut engendrer, entre autres, des troubles paniques, un sentiment de persécution, des actes violents, des crises de paranoïa et des hallucinations. Une surconsommation peut même, dans certains cas, provoquer la mort. Cette drogue endommage directement le système vasculaire et le cerveau.

Une intervention thérapeutique apparaît fréquemment nécessaire pour cesser de consommer de la cocaïne ou tout autre type de drogue. Les cures de désintoxication et les thérapies de groupe s'avèrent généralement très efficaces pour les problèmes de dépendance. La personne qui participe à ces thérapies s'y sent comprise et y développe des liens avec d'autres personnes aux prises avec le même genre de problème. Se sentant moins isolée, elle peut échanger avec des gens qui, tout comme elle, ont le désir de s'en sortir, comme chez les Alcooliques Anonymes, une organisation ayant pour but d'aider ses membres à maintenir la sobriété.

PERSONNALITÉ ANTISOCIALE ET DE DÉPENDANCE

Puisque je ne me droguais plus, une constatation s'imposait: ce n'était pas uniquement ma dépendance aux drogues qui m'empêchait de m'éloigner de ce milieu, contrairement à ce que croyaient les gens de mon entourage. À mon avis, ma dépendance au luxe et à l'argent pesait lourd dans la balance. J'étais financièrement dépendante de mon mari et incapable de gagner ma vie. En outre, Patrick savait se montrer charmant au quotidien. C'est un être humain complexe qui possède plusieurs qualités.

Malgré le tumulte de notre vie, certains moments très heureux surgissaient, comme la naissance de ma fille, un être merveilleux. Je m'étais pourtant fait le serment que je n'aurais pas d'enfant avec Patrick. J'avais déjà subi un avortement dans le passé. Cependant, ce n'est qu'après quatre mois de grossesse que j'ai appris mon état. Cette fois, il était hors de question que je me fasse avorter. Ma grossesse était trop avancée. J'avais ressenti des symptômes, tels que des nausées et des étourdissements lors des premiers mois, mais je les avais attribués à d'autres facteurs. Nous possédions un chalet avec un système de chauffage au gaz propane et je croyais que cela expliquait mes malaises.

Dans ce chalet niché à flanc de montagne, sur le bord d'un lac dans les Laurentides, nous avons frôlé la mort, une fois de plus. Une nuit, alors que nous y dormions – Patrick, ses deux enfants issus d'une union précédente et moi enceinte de six mois –, un feu s'était déclenché. Nous avons été arrachés de notre sommeil par les lamentations lancinantes de mon chiot lévrier afghan. Attaché à un meuble dans la salle de séjour parce qu'il faisait trop de dégâts durant la nuit, il suffoquait sous l'effet de la fumée provenant des bûches qui, empilées près du foyer à combustion lente, s'étaient embrasées. Nous sommes sortis du chalet précipitamment, accroupis pour éviter la fumée dense qui envahissait la pièce. Patrick a réussi à éteindre le feu. Heureusement, hormis l'affolement provoqué par l'incident, nous étions tous sains et saufs.

J'avais réalisé un autre de mes souhaits en achetant ce jeune chien à la magnifique robe bringée et à l'allure racée. Malgré le fait qu'il se montrât indomptable, il nous avait sauvé la vie. Je pourrais écrire un livre entier sur les mésaventures de ce pauvre chien, qui se succédaient les unes après les autres. Tel chien, tel maître! Sa vie se voulait aussi mouvementée que la mienne. Ressentait-il mes vibrations? Par une journée de printemps, il est tombé dans la piscine à moitié vide, alors qu'il était attaché. Nous l'avons trouvé pendu au bout de sa chaîne en train d'agoniser. Quelques minutes de plus et il serait mort étranglé. À une autre occasion, il s'est brisé une patte en sautant par-dessus un meuble. Finalement, après qu'il eût mâchonné tous mes souliers et quelques meubles, j'ai cédé aux pressions exercées par Patrick et je m'en suis débarrassée.

Durant ma grossesse, Patrick s'est mis à rentrer très tard la nuit. Dès qu'il a constaté que je ne pouvais plus me faire avorter, son comportement a changé. Il ne se préoccupait plus de moi, il pensait qu'il me tenait maintenant que j'étais enceinte et qu'il pouvait faire tout ce qui lui plaisait. J'ai épousé Patrick alors que j'étais enceinte de six mois. L'initiative de nous unir, qui venait de lui, n'avait rien à voir avec le romantisme. Il s'était fait raconter par ses amis qu'il existait un danger accru qu'une femme collabore avec les policiers s'ils menaçaient de lui enlever son enfant. Conformément aux lois établies, il est interdit de témoigner contre son époux. C'est une loi qui a du sens, puisque nous ne sommes pas objectives à l'égard de notre conjoint. Notre perception de l'autre, et par le fait même de ses agissements, est biaisée en raison de notre implication émotionnelle.

Notre mariage civil a eu lieu au Palais de justice de Montréal. Évidemment, l'endroit nous était familier. Nous y passions pas mal de temps. De toute manière, je crois que l'église aurait été ébranlée si la cérémonie s'y était déroulée, avec tous les mafiosi qui y assistaient. Plus de la moitié des convives étaient des individus fichés par la police, des voleurs d'automobiles, des cambrioleurs et des vendeurs de drogue. Tout le *gratin* y était présent.

À peine quelques mois après les noces, mon mari sortait dans les discothèques jusqu'à l'aube. Quel beau mariage! Une nuit, alors que j'étais enceinte de huit mois et que je le cherchais, j'ai eu un accident d'automobile. Il était deux heures du matin et je m'étais jurée de le trouver et de le ramener à la maison. Je circulais sur un long chemin de terre qui menait à un cabaret de style *country*. Au tournant d'une courbe prononcée, une automobile filant à vive allure a embouti l'aile gauche de ma voiture. Le chauffard qui venait de quitter l'établissement semblait en état d'ébriété. Je suis sortie de mon automobile et ma première réaction a été de tâter mon ventre pour m'assurer que tout allait bien. Heureusement, je n'étais pas blessée et cela n'a pas affecté ma grossesse. Je suis retournée à la maison bredouille et honteuse d'avoir ainsi cherché mon mari en pleine nuit. Je m'étais exposée à des risques et j'avais mis mon enfant en danger.

Une semaine après avoir accouché, j'ai surpris mon mari dans les bras d'une autre femme dans une discothèque. Ma mère, désormais très présente, était venue m'assister dans mon nouveau rôle maternel et elle m'avait encouragée à aller rejoindre Patrick pour me distraire. Lorsque je suis entrée dans l'établissement, je l'ai aperçu qui enlaçait et embrassait une jeune femme que je connaissais vaguement. Cette femme était une prostituée avec laquelle je le soupçonnais d'entretenir une liaison depuis un certain temps. J'étais furieuse contre lui. Nous avons rompu, encore une fois. J'ai déménagé chez ma sœur avec ma fille, Chloé, âgée d'à peine deux semaines. Un ami m'avait aidée à transporter les quinze sacs à ordures qui me tenaient lieu de bagages. J'étais devenue une experte dans les déménagements précipités. Comme d'habitude... je suis revenue vivre avec Patrick après quelques semaines de séparation.

Pas surprenant, dans ces circonstances, que j'aie fait les arrangements pour que ma fille porte mon nom de famille devant celui de son père. Ce dernier s'est emporté lorsqu'il l'a découvert. Avec toutes ces ruptures, je pressentais que je ne partagerais pas ma vie encore très longtemps avec lui et que je devrais élever ma fille seule. Durant nos huit années de vie commune, nous nous séparions en moyenne deux fois par année, toujours en raison de ses infidélités.

Pour savoir s'il me trompait, j'ai même eu recours aux services d'un détective privé. Dès qu'il s'est engagé à la poursuite de Patrick, j'ai réalisé que j'avais commis une erreur. Patrick est arrivé au commerce de mon père en me confiant qu'il était suivi et qu'il devait aviser la bande. Le détective m'a téléphoné aussitôt pour me signaler que mon mari se comportait anormalement, qu'il avait repéré son automobile. Patrick conduisait à très haute vitesse dans des rues étroites pour essayer de le semer. Je lui ai ordonné de cesser de le suivre sur-le-champ. La police a toujours eu de la difficulté à le coincer, et ce n'était certainement pas une femme qui allait réussir à le surprendre dans le lit d'une autre.

Le détective m'a remis les photographies que je lui avais confiées et m'a mentionné que mon mari avait des choses à se reprocher pour agir ainsi. Je regrettais amèrement de l'avoir engagé. Je craignais que cela entraîne des répercussions au plan des affaires de Patrick. Voulant lui prouver mon honnêteté, j'ai avoué cette histoire à mon mari au premier de l'An, quelques mois plus tard. J'avais appris à mes dépens qu'on ne peut pas faire suivre son mari lorsqu'on évolue dans ce milieu, même s'il commet l'adultère ouvertement devant les autres.

J'aurais dû prévoir qu'il réagirait ainsi. Patrick et moi étions constamment aux aguets pour nous assurer que nous

—◼—

n'étions pas suivis par des policiers. Nous étions devenus des experts en la matière. Nous les repérions facilement et le défi consistait alors à les semer. Dès que le conducteur d'une voiture apparaissait louche, nous le remarquions. Les automobiles munies d'antennes pour les téléphones mobiles devenaient automatiquement suspectes. La technologie de la téléphonie mobile n'en était qu'à ses débuts. Ces téléphones présentaient la forme et la grosseur d'une brique et fonctionnaient mieux dans les automobiles munies d'antennes. Nous disposions aussi de certains gadgets électroniques nous permettant de détecter si une personne dissimulait un écouteur sur elle. Nous étions même munis de dispositifs permettant l'écoute électronique à courte distance. Ces appareils s'avéraient cependant moins perfectionnés que ceux des policiers. De plus, nous étions équipés de gilets pare-balles qui ont cependant peu servi, sauf lorsque les policiers avaient mis Patrick en garde contre un attentat potentiel.

En dépit du calvaire que me faisait subir Patrick, je retournais inlassablement vers lui. Un lien de dépendance m'unissait à lui. À l'époque, je n'avais ni revenus, ni métier, ni ambition. Le seul facteur positif au tableau, c'est d'avoir eu la chance de rester auprès de ma fille jusqu'à son entrée à la maternelle. Je l'emmenais partout avec moi. Elle a découvert très tôt les centres commerciaux et les restaurants gastronomiques. Âgée d'à peine deux ans, elle mangeait de tout et parlait déjà clairement. Très drôle, elle pouvait se commander une assiette de cuisses de grenouille et la manger en entier. J'ai toujours été très présente et proche de ma fille, malgré mes problèmes.

J'étais malheureuse auprès de Patrick, mais je le devenais encore davantage lorsque je m'éloignais de lui. J'aimais infiniment mon mari malgré nos problèmes. Je ressentais énormément de chagrin chaque fois que nous nous séparions. Lorsque nous nous sommes mariés, j'avais pris la ferme résolution de demeurer auprès de lui en dépit de toute adversité. Cependant, il y avait des limites à ma loyauté. Je ne pouvais pas tolérer ses infidélités chroniques. Je n'arrivais pas à concevoir qu'il puisse me trahir avec une autre femme s'il prétendait m'aimer autant que je l'aimais. Je souhaitais désespérément qu'il change par amour pour moi. Ma naïveté m'empêchait d'admettre que les gens ne changent pas pour nous; ils peuvent entreprendre le changement pour eux-mêmes, mais pas pour les autres.

J'échouais dans toutes mes tentatives de suivre une formation quelconque pour développer mon autonomie. Si je m'inscrivais à des cours, j'abandonnais toujours après quelques semaines. Je ne parvenais pas à être assidue dans quelque activité que ce soit. Auprès de Patrick, je m'étais vite habituée à la vie de luxe, à tout avoir sans travailler. Le prix à payer pour mon style de vie se révélait élevé; j'en étais devenue prisonnière. J'avais appris à récolter gros sans déployer d'efforts. Je ne possédais ni les ressources ni l'expérience que seules des années de vie autonome, de travail acharné et d'efforts peuvent apporter. Je me retrouvais devant un énorme vide. Je n'avais pas de repères.

Le style de vie dans lequel j'évoluais ne permet aucun engagement fonctionnel au sein de notre société. Je vivais en marge des règles sociales. Je me trouvais des emplois que j'abandonnais deux semaines plus tard. J'arrivais toujours en retard à mes rendez-vous, et ce, quand je daignais m'y présenter. Rater un rendez-vous chez le médecin ne méritait pas un appel de ma part. Aucune discipline ne régnait dans ma vie, ce qui engendrait, par le fait même, des répercussions sur l'éducation de ma fille. Lorsqu'elle a commencé la maternelle, je recevais des commentaires de l'enseignante soulignant que tout irait mieux pour Chloé si elle arrivait à l'heure en classe et accumulait moins d'absences.

Dans la vie tumultueuse que je menais avec Patrick, même nos loisirs se démarquaient par leur intensité. Nous faisions des activités de toutes sortes : équitation, motocyclette, camping, bateau, motoneige, et j'en passe. Nous pratiquions le tir à l'arc et à l'arbalète dans notre cour. Nous organisions parfois entre amis des concours de tir aux pigeons d'argile. Cela nous amusait de nous photographier avec plusieurs armes dans les bras.

À un certain moment, notre maison ressemblait à une ferme... ou plutôt à un cimetière pour animaux. Une dizaine d'animaux empaillés, dont un hibou, un renard et une peau d'ours avec la tête étaient disposés dans les différentes pièces de la maison. Une ambiance sinistre émanait de tous ces animaux morts. Heureusement, nous avions également plusieurs animaux vivants : quatre cages qui contenaient huit oiseaux — deux pinsons, deux perruches, deux perroquets, deux colombes —, deux aquariums et trois chiens, en plus de nos deux chevaux logés en pension à l'écurie. Mon père n'était pas là, cette fois, pour retourner mes animaux à l'animalerie.

J'ai vu défiler de nombreux chiens au cours de ma vie avec Patrick, dont entre autres : un bichon maltais, un colley miniature, un caniche, un shih tzu, un labrador, un dogue allemand, un dalmatien, un lévrier afghan, un chow-chow, un saint-bernard, un berger allemand... Bref, il serait plus simple d'énumérer les races que nous n'avons pas eues. Je vous épargnerai le détail de tous les chats que j'ai aussi vus passer dans notre maison.

Toutefois, je pouvais me consoler avec la superbe jument palomino d'un blond magnifique que Patrick m'avait offerte. Avec elle, je me suis initiée à l'équitation et j'ai vaincu ma peur des chevaux. J'ai changé de cheval à quatre reprises avant d'arrêter mon choix définitif sur cette jument. Chaque fois que nous remplacions un cheval par un autre, l'éleveur exigeait des coûts supplémentaires. Les dépenses nous importaient peu. Avec tous ces échanges, le prix de ma jument équivalait celui d'un cheval de course.

Notre couple de perroquets Quaker provenait du Mexique. Nous les avions achetés lors d'un voyage à Acapulco, lieu de vacances favori des mafiosi à l'époque. Au cours d'un périple de un mois, nous avions rencontré au moins une vingtaine de connaissances et amis là-bas. L'une des sorties qui attirait toute la bande était, bien entendu, la corrida. Ces gens trouvaient excitant de voir un torero saigner lentement un taureau à mort en lui plantant des banderilles à travers le corps et en lui enfonçant le coup d'épée fatal. Cœurs fragiles s'abstenir!

Nous avions rapporté nos perroquets illégalement au Canada dans mon bagage à main. Je me sentais hypernerveuse lorsque le douanier mexicain a glissé sa main à l'intérieur, alors que les deux oiseaux s'y trouvaient. J'aurais été dans l'embarras s'il avait fallu que l'un d'eux lui morde la main. Nous leur avions administré des calmants pour le voyage, ce qui les avait tranquillisés pour la journée entière. Des amis avaient suivi notre mauvais exemple en se portant acquéreurs, eux aussi, de ces magnifiques oiseaux exotiques. C'était ahurissant; six perroquets à demi inconscients voyageaient sur le même vol en provenance du Mexique, et les douaniers et les agents de bord n'ont rien détecté. On pouvait même entendre des croassements çà et là dans l'avion.

Je n'oublierai jamais ces deux sublimes perroquets que nous avions placés sur un perchoir. Ils commençaient à perdre des plumes. À l'évidence, l'hiver ne leur convenait pas. Il ne s'agissait pas d'un phénomène de mue normale. Nous avions consulté un vétérinaire qui nous avait prescrit un traitement pour préserver leur plumage. À cette époque, nous sortions souvent dans les discothèques et nous rentrions à la maison à l'aube, lorsque nos perroquets se mettaient à piailler à tue-tête. Je déplaçais alors le perchoir dans le vestibule. Nous étions en conflit d'horaire avec eux. Les perroquets ne constituaient pas le problème, c'était nous, les noctambules, qui menions un style de vie anarchique.

Il y a eu deux chiens que nous avons gardés plus longtemps: un mignon bichon maltais surnommé Cachou et un redoutable berger allemand appelé Youki, dressé pour l'attaque. Ce dernier servait à monter la garde. Il m'a d'ailleurs déjà mordue légèrement à la main. L'incident est survenu lorsque Patrick était incarcéré et que j'avais l'entière responsabilité de le nourrir. En soulevant son plat pour le rapprocher de lui, il m'avait saisi la main entre le pouce et l'index avec ses énormes crocs. Il m'avait fixée un bref instant de son sombre regard et il avait relâché ma main sans enfoncer ses dents plus à fond. Il avait voulu m'avertir de ne pas toucher à sa nourriture. Je me suis pourtant occupée de ce chien enragé pendant toute l'année de détention de Patrick. J'enfilais un manteau de motoneige lorsque je devais l'approcher, même durant la saison estivale. Il m'effrayait, mais Patrick refusait obstinément de le vendre. Il savait qu'à sa sortie de prison, il en aurait besoin pour monter la garde devant la maison. Nous l'avons retourné à l'éleveur lorsque notre fille est venue au monde. Il avait finalement mordu Patrick, qui était son maître, et nous ne voulions pas prendre le risque qu'il attaque notre enfant.

L'un des amis de Patrick, Steven, un homme très étrange, s'était déjà battu avec Youki. Il affirmait que, lors d'un combat entre un homme et un chien, le pire que l'animal puisse faire est de mordre, alors que l'homme dispose d'un avantage : il peut l'étrangler. Il avait parié avec Patrick sur sa victoire lors d'un éventuel combat avec Youki. Il s'est battu avec le berger allemand. À la fin de la lutte, il tenait le chien à la gorge et celui-ci croulait sous la peur. Lors de ce combat, qui avait eu lieu dans notre sous-sol, Steven avait été mordu au bras. Rendu à l'hôpital, une infirmière lui signala qu'il devait être vacciné contre la rage, il lui répondit : «Vous devriez aller vacciner le chien parce que je l'ai mordu et c'est lui qui risque d'attraper la rage. » C'est tout dire du genre d'amis insolites que nous fréquentions. Steven était particulièrement excentrique; il pouvait arriver chez nous à l'improviste, complètement drogué, en robe de chambre élégante, chapeau melon et gros cigare au bec.

Depuis qu'il s'était battu avec notre berger allemand, Steven prenait des paris avec d'autres personnes, se vantant de pouvoir remporter un combat contre n'importe quel chien. C'était devenu l'un de ses passe-temps favoris. Après ce combat avec Youki, lorsque Steven venait à la maison, notre chien devenait totalement terrorisé. Il prenait plaisir à immobiliser la chaîne de Youki à l'aide de la roue de sa voiture. Le chien ne disposait plus que de un mètre de jeu dans sa chaîne, longue d'environ cinq mètres. Il descendait de son automobile en fanfaron et il donnait un coup de pied à Youki, qui s'effondrait devant lui. Du coup, il lançait à Patrick, en esquissant un sourire en coin : « Regarde ce que j'en fais de ton chien de garde à deux mille dollars. » Telle était sa manière singulière et fantasque de plaisanter.

À la suite de ces incidents, Patrick contacta le dresseur qui lui avait vendu Youki pour se plaindre que son chien ne se montrait pas suffisamment agressif et qu'il avait perdu le combat contre son ami. Ce dernier avait rétorqué : « Au lieu d'un chien, je te conseille d'engager ton ami pour monter la garde devant ta maison. » Durant ses vingt ans de carrière à dresser des chiens de garde, il n'avait jamais rien vu de tel.

Steven a cessé de se battre avec les chiens; il s'est calmé. Il a malheureusement été retrouvé mort dans un champ, criblé de balles, plusieurs années plus tard. Il n'occupait pas de travail stable, mais menait un train de vie exubérant. Il se déplaçait fréquemment en limousine avec son chauffeur privé et il possédait un immense domaine dans les Laurentides. Sa vie s'est terminée tragiquement, à l'image du monde violent dans lequel il avait choisi de vivre.

Après le combat de notre chien contre Steven, Patrick a décidé de placer un second chien dans la cour pour monter la garde. Les chiens enchaînés à l'extérieur servaient à nous aviser si quelqu'un approchait de la maison, que ce fût des gens mal intentionnés ou des policiers. Il ne s'écoulait pas une année sans que les policiers nous visitent inopinément. Lors d'une perquisition, alors que nous vivions dans un condominium, les policiers s'étaient trompés d'immeuble. Patrick, qui avait été avisé de leur éventuelle visite, les attendait, surveillant leur arrivée par la fenêtre. Lorsqu'il a constaté que les policiers se dirigeaient dans un immeuble avoisinant, il est sorti dehors pour leur indiquer la bonne adresse. Patrick prenait plaisir à narguer les policiers. Avant d'entrer, il leur avait demandé de retirer leurs chaussures, ce à quoi l'enquêteur lui a riposté ironiquement: « Excusez-nous, nous n'enlèverons pas nos souliers; nous avons été bien élevés, mais nous avons mal tourné. » En l'occurrence, l'effet habituel de surprise des descentes policières était raté.

Cette fois-là, la perquisition était dirigée par l'escouade des crimes contre la personne de Montréal. Ils ont fouillé le condominium pendant une journée entière à la recherche d'indices et ils ont interrogé Patrick. Ils sont repartis avec nos deux automobiles et des vêtements appartenant à Patrick. Ils nous ont remis nos véhicules deux semaines plus tard sans porter d'accusation. Je n'ai jamais su exactement pourquoi les policiers de l'escouade des crimes contre la personne étaient débarqués chez nous.

LA RUPTURE

Ma séparation d'avec Patrick a marqué le début de la fin de ma vie marginale. Cette période a été sans conteste la plus abominable de toute ma vie. Tout a commencé par notre désaccord à propos d'un bar de danseuses nues. Patrick voulait acheter des parts de cet établissement, ce à quoi je m'objectais. Ne dit-on pas que *l'occasion fait le larron*? Il a fait abstraction de mon opinion et s'est impliqué malgré tout dans la transaction. Il m'en a informée la veille de notre départ pour un périple en motocyclette, qui devait s'échelonner sur un mois et nous conduire en Californie. Nous sommes partis quand même, mais la dispute a éclaté au point où nous avons décidé d'écourter le voyage et de rentrer au pays plus tôt que prévu. Nous voyagions avec des amis que nous avons abandonnés à Santa Monica.

L'interminable trajet de retour fut éprouvant. J'ai conduit ma propre motocyclette, une Harley Davidson, de Los Angeles à Montréal. Nous parcourions un minimum de huit cents kilomètres par jour à haute vitesse, par des temps froids et souvent sous la pluie. Je n'avais pas de pare-brise pour me protéger. Mon visage était marqué par la dizaine d'insectes qui s'y étaient écrasés. Patrick était devenu frénétique. Il me frappait à coups de pied ainsi que sur ma motocyclette, alors que nous circulions sur une autoroute à six voies de large à Los Angeles. Cela augurait ce qui allait suivre dans les mois à venir. Patrick a commencé à être agressif envers moi. Nous vivions ensemble depuis sept ans et jamais, durant toutes ces années, il n'avait levé la main sur moi. La première fois que cela s'est produit, il m'a bousculée et je suis tombée par terre. Il a sauté violemment sur moi en tentant de me remplir la bouche de préservatifs emballés. Il ne contrôlait plus sa colère. Il était hors de lui parce que j'exigeais qu'il porte un condom à cause des prostituées avec lesquelles il me trompait.

À notre retour de voyage, c'était devenu invivable; nous nous sommes séparés pour la énième fois. Patrick était furieux, car la décision de rompre ne venait pas de lui cette fois. Il ne se résignait pas à notre séparation. Il ne supportait pas que je puisse fréquenter un autre homme, alors que lui flirtait maintenant avec ma meilleure amie, Sophie, une très belle femme. J'étais trahie une fois de plus. La solidarité entre amies me faisait faux bond.

Quelques semaines plus tard, il se produisit un événement inconcevable impliquant ma sœur et mon mari, qui s'étaient déclaré une guerre ouverte pendant plus de deux ans. Je m'étais rendue à mon ancienne demeure pour régler des affaires avec Patrick; il m'avait vendu des meubles que je devais lui payer. C'est alors que j'ai aperçu ma sœur, droguée et échevelée, sortant de la chambre de mon mari, avec, pour seul vêtement, son peignoir court en satin. Il n'existe pas de mots pour exprimer à quel point je me suis sentie à la fois meurtrie et révoltée. Si j'analyse froidement cette infamie, je crois qu'il y a eu un manque dans ma famille au niveau de la transmission des bonnes valeurs.

À la suite de cette séparation, je m'étais fait un ami, Lucas. Il connaissait mon mari. Cet homme avait, lui aussi, un lourd passé criminel. Il m'avait raconté qu'il avait perpétré un vol à main armée avec la célèbre Monica la Mitraille.

À cinquante-cinq ans, il avait plus que le double de mon âge. Nous avons emménagé ensemble dans un appartement de Montréal. C'était misérable; nous n'avions pratiquement pas de meubles et nous vivions comme des animaux traqués. Lucas était sorti de prison environ six mois auparavant. Il avait purgé une peine d'emprisonnement de cinq ans pour homicide involontaire. Il dirigeait maintenant un réseau de prostitution qu'il avait implanté. Il orchestrait lui-même tout le personnel composé de prostituées, de chauffeurs et de réceptionnistes.

Ainsi, il put rapidement rétablir sa situation financière. Il côtoyait des personnes peu recommandables et il aurait bien aimé m'impliquer dans ses affaires douteuses. Je lui avais strictement interdit d'en discuter en ma présence. Je ne travaillais pas encore à cette époque. Comment aurais-je pu occuper un emploi quand toutes mes énergies étaient mobilisées pour ma survie?

Lucas et moi voulions nous acheter des armes pour nous protéger. Nous étions conscients du danger qui régnait dans le monde dans lequel nous évoluions, et notre passé pesait lourd sur nos épaules. Nous nous sommes d'ailleurs rendus dans le Vermont pour essayer de nous procurer des armes, mais en vain. L'État du Vermont avait adopté une loi, peu de temps auparavant; il fallait être résidant américain pour pouvoir acheter des armes. Après une semaine de recherches et de tentatives infructueuses, nous sommes revenus bredouilles. Cet épisode de ma vie me rappelle le film *Bonnie and Clyde*. Plusieurs éléments de ce film faisaient référence à nos vies : les brigands de grands chemins, la musique de Creedence Clearwater qui date de la même époque, nos plans de malfaiteurs. Encore aujourd'hui, lorsque j'entends cette musique, je me remémore ce voyage et cette période mouvementée de ma vie.

Nous avions tout de même réussi à nous procurer illégalement une carabine au Québec sur le marché noir. Je vivais encore dans la crainte constante, la carabine chargée en permanence dans ma chambre. J'entraînais inconsciemment ma fille d'à peine deux ans dans cette vie de tourmente. Heureusement, elle ne garde aucun souvenir de cette époque tumultueuse.

J'ai vécu dans cet appartement miteux pendant environ six mois avec Lucas et Chloé. Plus je connaissais Lucas, plus je le suspectais d'être non seulement un malfaiteur, mais également un informateur auprès de la police. Certains de ses commentaires m'avaient alertée. Il me racontait parfois qu'il s'était entretenu avec un enquêteur. Cela ne me rassurait pas du tout. J'ai alors pris la sage décision d'aller vivre chez mes parents pendant un certain temps. C'était préférable pour ma fille et moi. La maison familiale représentait un refuge dans cette période trouble.

Pour retourner vivre à Terrebonne, j'ai dû avoir recours aux services d'un avocat. Celui-ci a négocié des arrangements avec l'avocat de Patrick à propos de la garde de Chloé. Patrick n'avait pas vu sa fille depuis six mois. Je tentais de me cacher; il nous chercha en vain. Évidemment, il ne voulait pas avoir recours à l'assistance des policiers pour me retrouver. Il voulait lui-même régler ses comptes avec moi. Depuis peu, il avait découvert dans quel secteur de Montréal je résidais. Quelques semaines avant mon retour chez mes parents, il avait reçu une contravention adressée à mon

nom, alors que j'avais garé ma voiture dans un stationnement interdit en face d'une épicerie. J'avais dès lors cessé de
faire mes emplettes dans ce quartier.

J'ai obtenu la garde permanente de ma fille, ce qui
m'importait le plus. Patrick avait un droit de visite une fin de
semaine sur deux. Le reste ne me préoccupait guère. Lorsque nous nous sommes séparés, Patrick a gardé tous les
meubles, ainsi que la maison. Cependant, pour la garde de
Chloé, il n'y avait pas de négociation possible; elle devait
rester avec moi. Je n'aurais jamais accepté de vivre séparé
de mon enfant. Ma fille m'a avoué que l'une des expériences
qui ont marqué le plus positivement sa vie se rapporte à la
séparation de ses parents. Elle a compris que cela l'avait
éloignée des influences pernicieuses du milieu de la criminalité.

À mes yeux, Chloé est devenue une jeune femme très
rangée et intègre; elle connaît le milieu criminalisé de loin et
le garde à distance. Sa conception se rapproche de celle de
l'enfant de parents alcooliques qui décide de ne pas suivre
leur trace en s'abstenant résolument de consommer de
l'alcool. Chloé ne veut pas du tout avoir affaire avec les gens
de ce milieu, ni de près ni de loin.

Lorsque je suis retournée vivre chez mes parents, j'ai
maintenu le contact avec Lucas. Nous nous entretenions au
téléphone quotidiennement, mais j'avais perdu confiance en
lui. Il m'en voulait terriblement de l'avoir abandonné. J'ai
même l'impression qu'il a essayé de m'entraîner dans un
guet-apens. L'incident est survenu peu de temps après que
j'ai quitté notre appartement. J'avais entrepris une formation en design de mode dans un collège de Montréal et

Lucas m'avait fixé un rendez-vous, après mes cours, dans un bar juste en face.

En sortant du collège, j'ai immédiatement repéré une voiture suspecte de l'autre côté de la rue. Elle était garée sur le boulevard de Maisonneuve, en face du bar, ce qui m'apparaissait étrange; le stationnement étant interdit à l'heure de pointe. J'avais développé un sixième sens qui me permettait de sentir le danger autour de moi. Je me suis quand même dirigée vers le bar et, du même coup, vers la voiture suspecte, mais je me tenais sur mes gardes. Il y avait deux hommes à bord. Lorsque je me suis approchée, l'homme assis du côté passager est descendu, m'a menacée avec une arme à feu et a tenté de me faire entrer de force dans la voiture. J'ai réagi très vivement en m'écartant de lui. Je me suis précipitée vers le bar et l'homme n'a pas réussi à me rattraper. Il a déguerpi avec son complice dès que j'ai pénétré dans le portique de l'établissement.

C'était un endroit fort achalandé. Totalement affolée, j'ai rejoint Lucas au comptoir. Il se tenait debout près de la fenêtre d'où il avait certainement pu voir l'attentat dont j'avais été victime. Il avait assisté à la scène sans broncher. J'étais sous le choc et je ne saisissais pas encore ce qui venait de se produire. Je suis restée avec lui à consommer une boisson pendant une heure. Il m'a ensuite accompagnée à mon automobile. Ce fut la dernière fois que je l'ai vu.

Quelques années plus tard, j'ai réalisé ce qui s'était réellement passé ce jour-là. J'avais été victime d'une tentative d'enlèvement sous les yeux de Lucas. Il n'était pas intervenu pour me secourir. Il apparaissait évident qu'il était impliqué dans le coup et qu'il avait tenté de m'attirer dans une embuscade.

Je n'ai pas quitté la maison de mes parents pendant plusieurs semaines. Je sentais que ma vie était en danger. J'ai abandonné ma formation en design de mode au milieu de la session. J'ai récolté des échecs dans mon bulletin collégial. Ma vie affective était trop instable pour que je me consacre à mes études. Je commençais des cours et je les interrompais après quelques semaines. Je devais mettre de l'ordre dans ma vie, d'abord dans ma vie émotionnelle. Un important nettoyage s'avérait indispensable.

Je commençais à m'apercevoir que le style de vie dont j'avais tant rêvé ne correspondait en rien à ce que j'avais imaginé au départ. Avec l'argent et le luxe venaient la terreur en permanence, la violence, l'angoisse et le risque de tout perdre à tout moment. Cet épouvantable désordre avait fini par m'user les nerfs. J'étais désenchantée. La réalité m'avait rattrapée au fil du temps.

Voilà où j'en étais à vingt-cinq ans. Pas de métier, peu d'argent, l'impôt sur le dos, aucun ami fiable. Je vivais chez mes parents avec Chloé qui célébrait son troisième anniversaire. Je ne saisissais pas encore l'étendue de mes problèmes, même si je constatais que ça ne tournait pas rond. À travers les événements qui se succédaient se nouait un véritable imbroglio. Je savais que ma vie ne tenait qu'à un fil et je n'étais pas certaine de pouvoir passer à travers. Une situation à tout le moins précaire.

Lucas a été assassiné dans les mois qui ont suivi. Il s'était fait plusieurs ennemis dans le milieu et l'expansion récente de son réseau de prostitution avait provoqué beau-coup de remous. Le soir où il est décédé, j'ai senti sa mort malgré la distance qui nous séparait. Sans doute parce que nous avions traversé des moments éprouvants ensemble. Je me suis réveillée en sanglots au milieu de la nuit, pressen-tant qu'il lui était arrivé un malheur. Nous devions nous télé-phoner plus tôt en soirée, mais nous ne l'avons pas fait. J'essayais de distancer graduellement nos appels.

Quelque temps après sa mort, un enquêteur s'est pré-senté chez mes parents pour m'interroger, mais je n'ai pas pu l'éclairer. Je n'en savais pas plus que lui sur ce qui était survenu le soir de la mort de Lucas. Je me cloîtrais systéma-tiquement chez mes parents depuis plusieurs semaines et je tentais de minimiser mes contacts avec les gens du milieu.

Je me suis isolée encore plus par la suite. Je ne voulais voir personne, à part ma famille immédiate. J'étais enfer-mée dans la maison, système d'alarme armé, ma fille et mes parents à mes côtés. J'avais besoin d'une période de réclu-sion. Mes parents m'ont grandement soutenue durant cette crise. Ils se montraient d'un grand réconfort. Je me sentais en sécurité auprès d'eux. Bien qu'ils aient été absents durant mon enfance, ils se reprenaient à l'âge adulte, tou-jours prêts à m'aider dans les moments difficiles.

Après cette sombre période, j'ai fait la connaissance d'un autre homme, Christopher. À cette époque, j'étais uni-quement attirée par des criminels. Les hommes normaux ne suscitaient aucun intérêt pour moi et, inversement, je ne les intéressais sûrement pas avec tous mes problèmes. Cet homme était impliqué dans un important réseau de vol d'automobiles qu'il exportait vers les pays d'Amérique cen-

trale, après en avoir falsifié les numéros de série. De surcroît, il éprouvait un problème de jeu pathologique; il pariait
parfois des nuits entières dans des parties de poker clandes-
tines. Il faisait beaucoup d'argent, mais il en perdait énormément. À ses côtés, j'ai découvert le monde des paris illégaux
et des casinos, lequel m'était jusque-là inconnu.

Christopher avait été invité à l'inauguration du Trump
Taj Mahal Casino à Atlantic City. L'architecture de cet hôtel
casino est inspirée du palais indien Taj Mahal, désigné en
2007 comme l'une des sept nouvelles merveilles du monde.
Christopher devait jouer un minimum de quatre heures par
jour sur une table de jeu en échange d'une suite royale, gra-
cieuseté de la maison. À un moment donné, pensant faire
tourner la chance, il m'avait priée de le remplacer à la table
de baccara; j'ai perdu cinq mille dollars en l'espace de quelques minutes. Après une semaine de sueurs froides, Christopher s'était appauvri de soixante mille dollars. Nous avons
eu l'occasion d'échanger quelques mots avec le célèbre
Donald Trump qui venait s'enquérir de la satisfaction des
clients au restaurant du casino. Lors de ce voyage insolite,
j'ai développé une aversion pour tous les jeux de hasard.

Lorsque Patrick a appris que je fréquentais cet homme,
il s'est présenté chez mes parents à l'improviste, prétextant
qu'il devait absolument s'entretenir avec moi. Même si
notre séparation remontait à plus d'une année, l'idée que je
puisse fréquenter un autre homme le mettait toujours hors
de lui. Il devenait parfois incapable de contenir sa colère.
Patrick m'a molestée à nouveau. Après s'être introduit dans
la maison, il s'est littéralement jeté sur moi comme un
déchaîné et j'ai déboulé quelques marches. Ma mère, qui

était présente, a appuyé sur le bouton de panique du système d'alarme. Lorsque la sirène a retenti, Patrick a pris la
fuite. Il avait déjà quitté les lieux quand les policiers sont
arrivés. Nous leur avons menti, alléguant qu'il s'agissait
d'une fausse alarme. En dépit de notre séparation, il me
considérait encore comme sa propriété... Il n'acceptait pas
qu'un autre homme puisse partager ma vie. Néanmoins, ce
fut la dernière fois que Patrick m'agressa physiquement. Il
n'a plus jamais recommencé.

Par ailleurs, la romance avec Christopher fut éphémère.
En effet, je la qualifierais même de feu de paille. Nous nous
sommes fréquentés quelques mois, mais lorsque j'ai emménagé chez lui avec ma fille, il s'est rapidement détourné de
moi. Il sortait tous les soirs dans les discothèques et rentrait
tard dans la nuit. Le scénario vécu avec Patrick se répétait.
J'étais déçue de cette relation. À peine trois mois de vie
commune et nous nous sommes séparés.

Je suis donc retournée vivre chez mes parents qui m'ont
accueillie chaleureusement, une fois de plus. Mes économies s'étaient alors effritées et je n'avais pratiquement plus
d'argent. À la suite du programme de design de mode que
j'avais interrompu en pleine session, j'avais démarré une
petite entreprise spécialisée dans la confection de maillots
de bain. Je dessinais les patrons et je taillais les modèles.
J'avais engagé une amie couturière pour s'occuper de la confection.

Cette amie travaillait également comme barmaid et elle
vivait avec un homme depuis peu de temps. Ce dernier lui
avait proposé d'acheter une maison où nous pourrions nous

installer pour développer ma compagnie. Je fus abasourdie de le voir en première page du journal quelques mois plus tard; il avait été victime d'un règlement de compte. Selon ce qui était rapporté dans l'article, il était impliqué dans l'importation de drogue et il avait dépensé tout l'argent du cartel auquel il était associé. C'est à croire que je n'attirais que des personnes à problèmes, même dans mon réseau d'amis. Je n'ai jamais revu cette femme. Plus tard, j'ai appris qu'elle avait craint pour sa vie à la suite de ce meurtre et qu'elle avait regagné son village natal dans l'Outaouais.

Mon entreprise de confection de maillots de bain n'était pas rentable et j'y ai mis un terme après quelques mois d'activité. Je manquais d'expérience et je n'étais aucunement organisée pour accomplir quoi que ce soit. Le désordre qui régnait dans ma vie personnelle sapait toutes mes énergies et se reflétait dans ma vie professionnelle. J'étais confuse et, par conséquent, incapable de m'investir dans une carrière. Je ne possédais pas les capacités, les outils et les connaissances nécessaires pour réussir une carrière d'entrepreneure.

Mon infortune ne s'est pas arrêtée là. Le fait que j'avais épuisé toutes mes économies a sans aucun doute pesé dans la balance. Patrick clamait à tout venant que j'allais revenir «quand j'aurais le dos sur l'asphalte», c'est-à-dire lorsque l'argent viendrait à manquer. Après toutes les épreuves que je venais de traverser, aussi absurde que cela puisse paraître, j'ai fait une dernière tentative pour reprendre la vie commune avec cet homme. Nous avions célébré notre réconciliation en grande pompe : limousine, virées des boîtes de nuit et des restaurants gastronomiques. Mais, halte-là! La sixième journée, les policiers ont de nouveau frappé à notre porte sans crier gare.

Au moment de la perquisition, je dormais avec Patrick et Chloé, qui était venue nous rejoindre dans notre lit durant la nuit. À cinq heures du matin, dans un effroyable vacarme, les policiers ont défoncé la porte avant de notre maison avec un bouclier. Ils couraient dans toutes les pièces en hurlant «Police! Police!» J'ai cru que notre heure était venue. C'était terrifiant. J'ai eu le réflexe de protéger Chloé en m'étendant sur elle de tout mon long. Un enquêteur barbu portant un long trench-coat et quelques membres du groupe tactique d'intervention SWAT ont fait irruption dans notre chambre. Lorsque les policiers perquisitionnent dans une demeure, ils doivent être accompagnés d'agents locaux. Ce qu'ils ont fait, mais, dans la chambre, il n'y avait aucun policier de la ville en uniforme, ce qui m'inquiétait terriblement. Je tremblais d'épouvante, car je n'étais pas certaine qu'il s'agissait réellement de policiers. J'étais à moitié nue, portant pour seul vêtement un caleçon de Patrick, puisque je n'avais pas encore rapporté mes vêtements à la maison.

Les policiers devaient également se sentir nerveux, puisqu'ils se doutaient que nous étions armés. C'est d'ailleurs lors de cette perquisition qu'ils ont saisi notre carabine de calibre douze. En l'espace de quelques secondes, ils ont immobilisé Patrick et l'ont menotté dans notre chambre qui se trouvait au rez-de-chaussée. Ils l'ont conduit aussitôt dans la cuisine où ils lui ont énoncé ses droits. Puis, certains policiers ont quitté hâtivement les lieux avec lui. Lorsqu'ils nous ont amenées dans la cuisine à notre tour, Chloé et moi, j'ai été rassurée de constater la présence d'une voiture de police en face de la maison. Il ne subsistait plus aucun doute dans ma tête que nous avions réellement affaire à des policiers et non à des malfaiteurs. Bien que nous nous soyons trouvés dans une situation extrêmement critique, nous n'allions pas nous faire tuer. À la demande des policiers, un membre de ma famille vint chercher Chloé avant qu'ils ne me conduisent au poste. J'étais bouleversée que ma fille de quatre ans ait assisté à des événements aussi troublants.

Cette vaste opération policière avait été menée à plusieurs endroits simultanément. Dans le cadre d'une enquête d'écoute électronique, Patrick et plusieurs autres personnes ont été appréhendés et accusés de faire partie d'un réseau de trafic de drogue. Il était soupçonné d'être le chef de la bande. Nous étions environ quarante personnes en état d'arrestation et nous avons tous été reconduits dans une grande salle au sous-sol d'un poste de police de la Gendarmerie royale du Canada (GRC).

Les policiers nous ont amenés un à un dans un bureau pour l'interrogatoire. J'ai refusé catégoriquement de parler aux policiers ainsi qu'à l'avocat qui se trouvait sur place pour nous représenter, étant donné que je ne l'avais jamais vu auparavant. Les seuls mots que j'ai prononcés dans ce poste de police ont été mon prénom et mon nom de famille. L'avocat qui nous défendait habituellement, et que je connaissais depuis plusieurs années, était en vacances à l'extérieur du pays. Il avait été avisé de nos arrestations et avait envoyé un collègue pour nous informer de nos droits. De toute manière, je n'aurais rien eu de plus à dire à qui que ce soit. Par la suite, notre avocat a mentionné à Patrick qu'il ne devait pas s'inquiéter que sa femme s'entretienne avec les policiers, puisqu'elle refusait même de parler à un avocat. Patrick me témoignait sa confiance; en retour, je me faisais un honneur de respecter les règles du milieu.

Lors de leur tentative d'interrogatoire, les deux enquêteurs présents m'avaient proféré des menaces. J'en ai donc déduit que rien ne les empêchait de faire passer l'un de leurs agents pour un avocat. L'un d'eux m'avait menacée de *m'embarquer* dans le coffre d'une voiture et avait ajouté que personne ne me reverrait vivante. Je savais pertinemment que c'était impossible. Mes tremblements, lors de leur intrusion dans ma chambre, leur avaient laissé croire à une certaine vulnérabilité de ma part. C'est pourquoi ils avaient tenté de m'intimider au poste de police. L'enquêteur me parlait, mais je ne lui répondais pas. Je ne le regardais même pas; je fixais constamment le plancher.

Je demeurais silencieuse, bien que j'entendais ce qu'ils me disaient. Ils m'ont traitée de noms peu flatteurs, que j'aurais honte de répéter. Ils me racontaient aussi que les gageures étaient ouvertes au poste, à savoir si j'allais reprendre la vie commune avec Patrick. L'enquêteur qui tentait de me questionner avait gagné son pari de justesse; j'étais revenue six jours avant la perquisition. Quel malheur pour moi! Ils m'expliquaient qu'ils comparaient notre histoire à la série télévisée *Dynastie*. Pour ma part, je considère plutôt que notre vie ressemblait à celle de l'émission *Les Sopranos*.

Par chance, je n'habitais pas avec Patrick durant la période d'écoute électronique et je n'étais donc pas impliquée dans ses affaires. J'ai été relâchée le soir même sans qu'il y ait d'accusation portée contre moi. J'étais plus que ravie de rejoindre ma fille chez mes parents. Après qu'elle eut été exposée à des événements aussi traumatisants la nuit précédente, je me préoccupais de son état d'esprit. Elle réclamait des explications et plus particulièrement où se trouvait son père.

À partir de cette journée, j'ai décidé que j'allais changer de style de vie. Je devais le faire pour moi-même, mais également pour ma petite fille que j'aimais par-dessus tout. Je réalisais que je n'avais pas le droit de lui faire subir ce genre d'existence. Elle méritait beaucoup mieux. Cet événement est resté gravé à jamais dans la mémoire de Chloé. Elle se souvient que j'avais enfoui mes deux bagues à diamants dans sa boule de pâte à modeler, à l'insu des policiers lorsque ces derniers nous avaient conduites dans la cuisine. L'une d'elles était ma bague de mariage. Je lui avais chuchoté de l'apporter quand son grand-père viendrait la chercher.

Lors de l'enquête, il y avait eu de l'écoute électronique dans plusieurs demeures et sur plusieurs lignes téléphoniques, dont les nôtres. Cette enquête avait entraîné des coûts d'un million de dollars, aux dires des policiers à la cour. L'écoute électronique s'était achevée trois mois auparavant, mais les policiers voulaient préparer les éléments de preuve par écrit avant de procéder à ce véritable coup de théâtre. Ils avaient remis aux accusés des boîtes contenant des documents faisant état des quatre cents heures d'enregistrement retenues pour la preuve. Quelques extraits semblaient avoir été rédigés simplement pour semer la zizanie entre les accusés. Pour n'en citer qu'un exemple : «Paul devient si énorme qu'il va finir par exploser et éclabousser de merde toute la pièce. »

De nombreux chefs d'accusation pesaient à nouveau contre Patrick. Durant le procès, j'étais retournée vivre dans notre maison, sur laquelle les policiers avaient déposé un ordre de saisie, puisque Patrick était accusé de l'avoir acquise grâce aux produits de la vente de drogue. Tous nos biens avaient été confisqués par la GRC. Ce genre d'accusation était nouveau à l'époque. Sur les recommandations de l'avocat, j'ai enregistré cette maison en tant que résidence familiale et j'ai pu rapidement la réintégrer. Je me suis aussi rendue au poste de police pour exiger qu'on me rende ma carabine, mais en vain. Les policiers m'ont avisée qu'ils l'avaient déposée dans un coffre de la GRC et qu'ils n'y avaient pas accès. Ils ne nous l'ont jamais rendue d'ailleurs.

Patrick a été incarcéré pendant environ six mois et il a finalement obtenu une caution en raison d'un vice de procédure. Je l'ai soutenu pendant toute cette période, même si je n'étais revenue à la maison que depuis six jours lorsqu'il a été arrêté et emprisonné. J'étais incapable de l'abandonner dans cette piètre situation. Je partageais mon temps entre le tribunal où Patrick subissait son enquête préliminaire, et les visites à la prison où il était retenu en détention préventive.

Après la libération de Patrick sous cautionnement, nous avons vécu ensemble quelques semaines. Pour comble de malheur, j'étais à nouveau enceinte. Dans de telles circonstances, mon esprit se refusait à mettre un enfant au monde. J'ai donc subi un second avortement, malgré le profond désaccord de Patrick. Cette fois-là, je me suis sentie déchirée intérieurement. J'avais l'impression de tuer un être qui prenait vie en moi, mais en même temps ma décision de me séparer et de m'éloigner de ce milieu était irrévocable. Les épreuves que j'avais traversées au cours des deux dernières années avaient été trop pénibles. Décidément, j'en avais assez; je ne pouvais plus poursuivre ma vie dans cette direction, ni entraîner ma fille avec moi et encore moins avoir un autre enfant. Cette fois, nous nous sommes séparés définitivement.

Pour quelqu'un qui vit dans la marginalité et qui éprouve de nombreux problèmes, il faut souvent un véritable choc, et même une descente aux enfers, pour enfin enclencher le changement. Lorsque notre vie est en danger et que la mort vient nous frôler, nous n'avons d'autre choix que de réagir. Dans cette conjoncture, nous prenons conscience qu'à moins d'une transformation radicale, nous risquons d'en mourir. Le choc qui nous secoue peut aussi être en lien avec un de nos proches aux prises avec une épreuve majeure. Le fait de descendre au plus bas ou de passer près de la mort nous donne un élan pour remonter à la surface et, possiblement, nous propulser dans les hautes sphères. Nous pouvons faire une analogie avec une balle qui rebondit sur le sol; plus fort elle frappe le sol, plus haut elle va rebondir.

Le même phénomène s'est produit dans mon existence. J'avais touché le tréfonds de mon abîme au cours des deux dernières années. Si je poursuivais dans cette voie, il n'y avait qu'une alternative fatale : j'allais me faire tuer ou me retrouver en prison. Heureusement, j'étais encore vivante et enfin prête à faire une remontée après toutes les épreuves que j'avais traversées. Patrick se comporta de manière civilisée et il se montra plus généreux envers moi lors de cette rupture définitive. Nos rapports furent plus amicaux. Il avait compris que mon cœur ne lui appartenait plus. Ma sépara-tion fut un point tournant de ma vie. Dès lors, nos chemins ont emprunté des voies diamétralement opposées. En ce qui me concerne, je me suis éloignée du milieu criminalisé.

Par conséquent, ma vie et celle de ma fille ont pris un envol tout autre. Je me suis alignée dans la bonne direction, celle de l'honnêteté et de l'intégrité. Après huit années de vie tourmentée tenant du mélodrame, j'étais enfin prête pour un autre style d'existence, une vie meilleure.

CHAPITRE III

Changement d'existence

LA COUPURE

À PARTIR DU MOMENT OÙ J'AI CESSÉ DE CÔTOYER DES CRIMINELS, UNE coupure s'est opérée dans ma vie et, par le fait même, dans celle de ma fille. J'en avais fini avec la répétition des comportements antisociaux. À vingt-six ans, j'ai réintégré le droit chemin pour de bon, ce qui a eu une influence bénéfique sur l'éducation de Chloé. Ainsi, elle ne cumulait plus de retards ou d'absences à l'école. Je mettais de l'ordre dans ma vie et cela se reflétait directement dans la vie de ma fille. On n'a observé aucune tendance à la délinquance chez elle.

Il faut oser briser certains liens dans les familles évoluant dans le monde criminalisé. Il s'agit d'un style de vie dangereux que personne ne voudrait imposer à ses enfants. Pour éviter que nos enfants reproduisent les mêmes erreurs que nous, nous devons être un modèle d'intégrité à leurs yeux. Si nous voulons que nos enfants soient heureux, nous devons d'abord essayer de l'être nous-mêmes. En tant que parents, nous sommes leur principal modèle de référence. Je me suis donc efforcée d'élever ma fille le plus normalement possible. Par ailleurs, les extravagances de son père l'embarrassaient parfois, comme lorsqu'il passait la prendre en limousine.

Chloé est une personne honnête et grandement appréciée de son entourage. À ma connaissance, le plus grand méfait qu'elle ait commis est d'avoir coupé des fleurs sur la propriété de l'église à l'adolescence. Je ne peux quand même pas prétendre que ma fille soit un ange, mais elle se comporte de manière intègre. Elle a toujours vécu dans le respect des autres et des règles de la société, ce qui est remarquable considérant le passé houleux de ses parents. Chloé est tout de même reconnue pour aimer s'amuser. Elle a complété son secondaire dans un collège privé. À la remise des diplômes, sur la scène, les amis de chaque diplômé émettaient un commentaire devant tous les autres étudiants, les parents et le personnel enseignant. Les amies de ma fille ont souligné ses talents d'organisatrice de fêtes. Je n'étais pas étonnée d'entendre cela. À quelques reprises se sont déroulées chez nous des soirées d'adolescents… auxquelles je n'étais pas *invitée*! J'arrivais à la maison vers minuit lorsque la fête était terminée. J'estime qu'il n'y a pas de mal à s'amuser tant que cela se fait dans le respect des conventions.

Je voulais devenir un modèle d'honnêteté et d'intégrité pour ma fille, parce que je savais que nos enfants finissent toujours par nous ressembler. Ils prennent le meilleur, mais également le pire de nous-mêmes. Ils imitent nos comportements plutôt que faire ce que nous leur dictons. Notre influence intervient auprès de nos enfants autant qu'auprès des personnes qui nous entourent, comme nos parents, notre conjoint ou nos amis. Certains membres de ma famille ont pris la direction de la clandestinité, mais ils ont aussi fini par reprendre le droit chemin. Ils se sont réhabilités après quelques écarts de conduite, délaissant graduellement le monde de l'illégalité. Cependant, certains en sont sortis plus hypothéqués que d'autres. Ce style de vie troublant peut laisser des marques profondes qui prennent des années, voire même toute une vie, à cicatriser.

En tant qu'individus, nous ne possédons pas tous les mêmes capacités d'adaptation au changement. Le regard que nous portons sur les épreuves que nous avons traversées influence notre aptitude à nous régénérer. Après avoir vécu un drame, la perte d'un être cher ou une période difficile, nous sommes invités à passer à une autre étape pour être capables d'entrevoir une vie meilleure. Notre foi dans la possibilité d'évoluer vers une vie plus équilibrée nous sera d'un soutien inestimable.

Pourtant, certaines personnes ne parviennent pas à s'en sortir, car elles ne peuvent pas s'imaginer accéder à une meilleure qualité de vie. J'ai connu une femme qui partageait sa vie autrefois avec un criminel notoire et elle n'a jamais réussi à vivre normalement et à être heureuse. Elle a sombré dans l'alcoolisme. L'alcool et les drogues représentent souvent une échappatoire facilement accessible pour fuir une réalité insupportable. En général, les méfaits sont commis avec une certaine insouciance. Pourtant, ces actes répréhensibles entraînent toujours de fâcheuses conséquences. Le monde réel finit toujours par nous rattraper : on se perd alors dans la culpabilité ou bien on se pardonne ses erreurs si on veut accéder au bonheur.

LE PARDON

Malgré les périodes difficiles que j'ai traversées, malgré les erreurs que j'ai commises et qui ont pu porter atteinte à d'autres, je ne peux changer mon passé. Si je n'avais pas vécu ces expériences, je ne serais pas la personne que je suis aujourd'hui. Avec les années, j'ai réussi à atteindre une stabilité et à me sentir en harmonie. Je ne veux pourtant pas insinuer qu'il soit nécessaire pour tout le monde de vivre de telles expériences pour trouver l'équilibre et être heureux. Cependant, dans mon cas, c'était inévitable. Ces expériences étaient profondément inscrites dans une longue trajectoire de vie pleine de détours.

Le fait de vivre des abus ou des traumatismes peut paradoxalement nous permettre de guérir de certaines blessures du passé. Peut-être, si nous faisons preuve de résilience à travers les épreuves. Nous sommes alors capables de retomber sur nos pieds et d'apprécier davantage la vie par la suite. Notre histoire, incluant nos bonnes autant que nos mauvaises expériences, nous façonne comme individus. Je regrette sincèrement si j'ai blessé certaines personnes directement ou indirectement, mais je dois me pardonner comme je le ferais pour une autre personne. Tout comme nous devons d'ailleurs parfois pardonner à certaines personnes de notre entourage.

Lorsque j'ai changé de milieu de vie, je me suis justement interrogée sur la manière dont j'allais résoudre cette question du pardon. J'ai pris conscience que j'avais commis maintes fautes dans le passé. Je ne pouvais pas, hélas, retourner dans le temps pour les effacer. Toutefois, j'avais désormais une emprise sur mes actes dans le présent et le futur. Je pouvais dorénavant agir de manière à ne pas blesser les autres et surtout ne pas répéter ces erreurs. J'ai également pardonné à certains membres de ma famille pour des agissements qui m'avaient profondément blessée. Je me suis réconciliée et je suis maintenant en paix avec eux. Je les aime tous, du fond du cœur.

L'authentique pardon devient accessible grâce à notre capacité de comprendre notre passé et de nous en détacher. Nous ne pouvons pas nous pardonner aussi longtemps que nous nous identifions à nos actes passés. Le pardon devient possible lorsque nous sommes capables de vivre dans le moment présent. Par exemple, en considérant qui j'étais et les moyens dont je disposais à l'époque, j'ai probablement fait du mieux que j'ai pu à cet instant précis de ma vie. En raisonnant ainsi, je parviens à comprendre les gestes que j'ai posés et à m'en détacher. Je me concentre maintenant sur une nouvelle manière d'agir, plus respectueuse des autres et de moi-même. De même, pour arriver à pardonner à autrui, il faut essayer de le comprendre en respectant son histoire.

Si nous osons affronter nos vieux conflits latents et non résolus, le pardon nous ouvre une voie vers le bonheur. L'analyse des comportements dysfonctionnels qui se perpétuent d'une génération à l'autre dans notre famille nous aidera grandement. Il existe certainement une personne, un homme ou une femme, qui a joué un rôle prédominant dans notre enfance en relation avec notre drame personnel qui soulève la question du pardon. Joan Gattuso nous propose plusieurs techniques pour pardonner dans son ouvrage intitulé *Un cours sur l'amour*.

Le pardon représente un facteur déterminant dans la poursuite du bonheur, car si nous éprouvons du ressentiment, c'est nous qui en sommes affligés. Nous devons nous affranchir de la souffrance et du malaise qui siègent à l'intérieur de notre esprit et de notre corps. Le pardon constitue un processus qui permet de relâcher l'énergie négative rattachée à certaines personnes ou certains événements. Ainsi, si nous éprouvons de la rancune envers une personne et que nous sommes en colère contre elle, ce malaise nous accable. Comprendre l'origine de ce sentiment pour nous en libérer contribuera à rétablir notre bien-être.

Vous connaissez sans doute l'expression très à propos : «Tout ce qui ne s'exprime pas s'imprime dans le corps.» Les empreintes causées par ce qui ne parvient pas à s'exprimer verbalement engendrent un malaise dans le corps; l'exutoire probable se profile alors à travers les symptômes psychiques ou physiques.

LIEN ENTRE LES MALAISES PSYCHIQUES ET PHYSIQUES

Les médecines douces proclament depuis plus de cinq mille ans que les maux psychiques s'impriment dans le corps et prennent la forme de maux physiologiques. La médecine chinoise associe tous les maux et les maladies physiques à des conflits psychologiques non résolus. En fait, selon les préceptes de la médecine chinoise, il existe des correspondances émotionnelles associées à chaque organe du corps humain. Comme le mentionne la docteure Christine Angelard dans l'ouvrage intitulé *Vivre autrement*, la tristesse affecte les poumons, le manque est lié au foie, le raisonnement se rattache à la rate, la peur et le manque de volonté affectent les reins, et la joie et l'amour stimulent le cœur.

En m'éloignant du milieu criminalisé et en réinventant ma vie, j'ai entrepris des changements extrêmement profonds à tous les niveaux. Dès lors, j'ai commencé subitement à manifester des symptômes hypocondriaques. Je me rendais chez mon médecin de famille chaque semaine. J'étais absolument convaincue d'être atteinte d'une maladie physique. Les moindres sensations de mon corps, que j'amplifiais à l'extrême, m'obsédaient. Un jour, je m'inquiétais de mon pouls, car mon cœur battait trop rapidement à mon goût. Le lendemain, je m'empressais d'aller consulter le médecin pour m'assurer que je n'allais pas succomber à une crise cardiaque. Il avait beau me répéter que je n'avais rien, il ne parvenait pas à apaiser mon esprit. Comment pouvait-il me soulager? Le mal se trouvait ailleurs. J'ai alors demandé une consultation en cardiologie.

Le cardiologue m'a diagnostiqué une simple anomalie congénitale bénigne; j'étais à moitié rassurée. Si mon problème n'était pas de nature cardiaque, il devait assurément s'agir d'une autre maladie. La semaine suivante, je m'inquiétais de mes problèmes de constipation; j'avais probablement un cancer côlon. Je retournais voir le médecin et j'exigeais de passer de nouveaux tests sanguins. Si, par malheur, il m'apparaissait quelques éruptions cutanées, aussi banales fût-elles, elles devaient être liées à un cancer de la peau ou, pire encore, à une maladie transmise sexuellement, comme le SIDA. J'étais obnubilée par l'idée d'être malade et j'amplifiais tous mes symptômes sans identifier leur origine et surtout sans discerner le moteur caché derrière ces détresses.

L'hypocondrie se caractérise par une inquiétude obsessionnelle et injustifiée pour sa santé, qui persiste au-delà du fait que le médecin ne décèle aucune maladie ou anomalie physiologique. Selon les préceptes de la psychanalyse, l'hypocondrie résulte d'une faible estime de soi. La maladie, forme acceptable de l'échec, viendrait masquer un profond sentiment d'impuissance et de nullité. L'hypocondrie permettrait de maîtriser l'angoisse, en quelque sorte, de changer le mal de place, car une maladie s'avère plus supportable qu'un danger non localisé et non identifiable concrètement.

En réalité, mon propre malaise reposait sur des origines psychiques, alors que j'étais persuadée qu'il était de nature physiologique. Le danger dans lequel je vivais au quotidien était lié à un autre danger aussi intangible, histoire de maintenir l'anxiété qui me paraissait si familière. Il s'agissait en fait d'un mécanisme de défense relativement aux transformations psychologiques qui se manifestaient chez moi. Je passais la majeure partie de mon temps chez le médecin ou dans les hôpitaux à subir des examens médicaux. Je cherchais en moi une maladie qui n'existait pas. Les spécialistes étaient unanimes; je présentais une bonne santé physique. Mon médecin de famille n'osait pas aborder le thème de l'hypocondrie. Toutefois, il devait bien s'apercevoir que mon mal relevait du domaine psychologique et non pas physique. Mes proches tentaient aussi de me convaincre que je n'étais pas malade.

Cette hantise d'une maladie physique dans mon corps a persisté environ un an et demi, soit le temps de me permettre de réintégrer une vie plus normale sans couper instantanément avec toutes les peurs qui m'habitaient auparavant et qui s'étaient révélées plus d'une fois justifiées. Après tous les examens inimaginables qui s'étaient tous avérés négatifs les uns après les autres, j'ai dû me résigner à l'idée que j'avais une bonne santé. Il était tout de même difficile, à ce moment, de reconnaître que je m'étais complètement leurrée et que mon mal siégeait dans mon cerveau. Avec du recul, il devient maintenant plus facile de comprendre ce qui s'est passé : l'angoisse liée à tous les changements qui s'opéraient dans ma vie, même positifs, engendrait un haut niveau d'anxiété chez moi. Je réalisais à quel point j'avais été, jusqu'à présent, une nullité, voire une nuisance pour la société.

Pendant toutes ces années, j'ai vécu des événements traumatisants qui ont laissé certaines séquelles. Par exemple, j'ai parfois encore peur le soir quand je suis couchée : une psychologue a comparé mon expérience à celle de quelqu'un ayant subi un traumatisme de guerre. Il s'agit d'une séquelle permanente avec laquelle j'apprends à vivre. Je dors mieux lorsqu'il y a une autre personne près de moi, comme mon conjoint ou ma fille ; cela me rassure.

Lorsque je vivais dans une condition de stress extrême, en état d'alerte constant et concentrée sur l'intensité du moment, je ne ressentais aucun symptôme particulier. Toute mon énergie était mobilisée pour assurer ma survie dans ce monde dangereux dans lequel je gravitais. En changeant mon style de vie, n'étant plus en mode de survie, la tension s'est relâchée et l'anxiété a cherché à s'exprimer. Elle avait trouvé un moyen d'expression à travers mes symptômes d'hypocondrie. L'analogie évoquée par ma psychologue semblait logique, mon expérience était comparable à celle d'un individu qui a vécu la guerre. Au combat, toutes ses énergies sont mobilisées pour sa survie et il ne ressent pas nécessairement de problèmes d'anxiété. Les symptômes, dits post-traumatiques, se manifestent après l'épreuve.

Le moment où mes symptômes hypocondriaques ont commencé à se résorber coïncide avec la période où j'ai entrepris mes études. J'amorçais des études qui allaient me conduire vers un travail d'intervenante. Contrairement à ce que j'avais fait jusqu'à présent, j'allais devenir quelqu'un de bien et cesser d'être une personne sans valeur au sein de la société. Cela a contribué à atténuer mon malaise psychique qui cherchait un mode d'expression physique à travers mon corps, mais qui ne parvenait pas à s'extérioriser concrètement. L'équilibre entre ma psyché et mon corps s'est alors progressivement rétabli. Cela démontre le lien étroit entre le fonctionnement psychique et le corps physique.

Même si le pardon nous permet de nous réconcilier avec notre passé, il ne fait pas disparaître pour autant nos souvenirs désagréables. La perception que je conserve de mon passé se veut cauchemardesque, alors que pour d'autres personnes de telles expériences peuvent paraître presque insignifiantes et peu traumatisantes. J'ai d'ailleurs entendu récemment une personne de mon entourage qui affirmait avoir eu une belle existence et qui ne regrettait rien. J'étais stupéfaite de l'entendre s'exprimer ainsi, sachant qu'elle avait éprouvé de sérieux problèmes dans le passé, dont une dépendance à la cocaïne pendant plusieurs années. Lorsque j'ai rapporté ses paroles à un ami psychanalyste, il a soulevé l'hypothèse qu'elle ne se souvenait probablement pas de certains événements de sa vie.

Certains mécanismes de défense de notre psychisme assument la fonction de brouiller nos souvenirs et de les maintenir à l'écart de notre conscience pour nous protéger de l'insoutenable. Les mécanismes de défense sont des processus inconscients qui servent à assurer l'équilibre intrapsychique et à nous défendre contre l'angoisse excessive que pourraient éveiller certains conflits internes. Il existe plusieurs types de mécanismes de défense comme le refoulement, la sublimation ou la projection. La dénégation, un de ces mécanismes, semble s'appliquer à cette personne qui soutenait avoir vécu une existence agréable alors qu'elle avait traversé de nombreuses épreuves. En fait, il s'agissait d'un refus d'admettre une vérité qui deviendrait sûrement intolérable si elle était amenée à la conscience. Le psychisme peut ainsi se défendre en maintenant certaines informations hors du champ de la conscience, donc dans l'inconscient.

Le refoulement, par exemple, correspond à un processus actif qui maintient hors de la conscience les représentations inacceptables pour la personne. Il s'agit du mécanisme le plus complexe lié à la culpabilité; il contribue largement à tous les autres mécanismes de défense. Il est constitutif de l'inconscient comme domaine distinct du reste du psychisme. C'est par l'entremise du refoulement que certains éléments inconscients ne parviennent jamais à la conscience, tandis que d'autres y retournent. Comme l'a cité Carl G. Jung : « Ce qui ne parvient pas à la conscience revient sous forme de destin. »

L'inconscient représente une partie intrinsèque du psychisme qui est refoulée hors du champ de la conscience. Toutefois, les forces inconscientes peuvent se manifester de différentes façons comme par les actes manqués, les oublis, les rêves ou les symptômes névrotiques. La psychanalyse préconise d'ailleurs qu'il est possible d'avoir accès à l'inconscient par l'intermédiaire des rêves. L'analyse des rêves figure parmi les outils majeurs du psychanalyste.

Durant mes années de vie tumultueuse, il y a eu une coupure absolue entre ma conscience et mon inconscient. Par conséquent, je ne me souvenais jamais de mes rêves. Je croyais que le fait de ne pas rêver était de bon augure et que cela signifiait que je n'étais pas troublée. Il s'agissait plutôt d'un mode d'autoprotection de mon psychisme. La réalité aurait été intolérable si j'avais pris pleinement conscience du chaos dans lequel je vivais. Un suivi en psychologie ou en psychiatrie aurait pu s'avérer salutaire pour moi et permettre probablement d'accélérer mon processus de guérison.

Bienvenue dans le monde réel! Pas si facile que ça, semble-t-il. Jusque-là, mes mécanismes de défense m'avaient permis de préserver un certain équilibre psychique. Dans un certain sens, ils ne m'accordaient qu'un accès très limité à mon inconscient. Par la suite, certains déblocages se sont produits et mes symptômes hypocondriaques traduisaient en quelque sorte ma difficulté à prendre conscience de la médiocrité dans laquelle j'avais vécu. Mon fonctionnement psychique m'a ensuite permis d'affronter cette réalité en respectant ma capacité d'assimilation, processus qui s'est échelonné sur des décennies. L'information qui avait long-temps été maintenue dans l'inconscient fut alors amenée à la conscience; cette démarche s'est effectuée progressi-vement, par paliers successifs. Certains d'entre eux ont été plus difficiles à franchir que d'autres : des épisodes d'angoisse ont ressurgi et engendré des symptômes multiples. En fait, mon hypocondrie s'avérait en lien avec l'angoisse engendrée par ma prise de conscience de tout le mal que j'avais fait dans le passé.

Après avoir traversé toutes ces épreuves, j'apprécie maintenant ma chance d'être en vie. En un sens, je me sens protégée, sans savoir exactement par qui ou par quoi, pro-bablement par Dieu. Certains prétendent que ce sont les anges qui veillent sur nous. J'ai connu une période de noir-ceur qui s'apparente au phénomène de la nuit noire de l'âme. Cette notion a d'abord été élaborée par les grands mystiques pour décrire une désolation spirituelle passagère. Marie-Lise Labonté l'a reprise dans son livre *Le choix de vivre*. En résumé, il s'agit d'une période trouble où l'âme se cherche dans un mouvement comparable à une *descente aux enfers*. Ma nuit noire de l'âme a duré huit ans. J'ai pris du temps à remonter de l'abîme, à comprendre que ma vie pouvait être meilleure et à agir de manière à favoriser de tels changements. Finalement, l'essentiel est d'avoir réussi à me rétablir, même si mon processus de guérison m'a paru pénible et interminable.

Le temps nécessaire pour que se fasse un tel processus d'intégration et de guérison appartient à chacun. Pour certaines personnes, l'évolution peut se faire rapidement, alors que d'autres ne se rendent jamais compte de leur situation réelle. Par conséquent, elles ne parviennent pas à résoudre leurs problèmes et s'acharnent dans des comportements autodestructeurs. Comme le mentionne Marie-Lise Labonté, nous nous réapproprions notre âme après l'épreuve. Il existe pourtant des personnes qui n'arrivent pas à en reprendre possession. Elles errent toute leur vie sans but et sans âme. Elles sont déconnectées de leur inconscient, ignorantes de leurs actes et, par conséquent, de leur portée. Elles semblent difficiles à saisir, puisqu'elles se comportent de manière incohérente à nos yeux.

Cette notion de réappropriation de notre âme m'a permis de comprendre certains de mes agissements incongrus que je m'expliquerais difficilement autrement. Le concept d'écartement de notre âme évoque le long parcours nécessaire pour retrouver une harmonie intérieure. Loin de constituer une fuite dans une théorie, ce concept peut faciliter notre compréhension de nos fautes.

La tolérance et la compassion que nous prônons envers les autres devraient s'appliquer également à nous-mêmes. Le pardon de nos erreurs nous permettra d'accéder au bonheur et à une vie meilleure. Si nous ne nous accordons pas ce privilège de nous pardonner à nous-mêmes, nous aurons tendance à agir inconsciemment de manière à nous autodétruire.

J'ai toujours été convaincue que les expériences difficiles ne sont pas souhaitables. Néanmoins, elles nous forgent et nous offrent la possibilité de devenir plus forts et de nous transformer. Pour ma part, j'aurais très bien pu me passer de certains chapitres douloureux, mais je ne serais pas devenue la même personne. Ma capacité d'apprécier la vie et d'être heureuse a été renforcée grâce à ces expériences. Comme l'a dit Jean de La Fontaine : « Quiconque a beaucoup vu peut avoir beaucoup retenu. »

Les épreuves peuvent aussi nous permettre de nous débarrasser de certains tabous ou préjugés. Les gens qui entretiennent des jugements préconçus sont souvent ceux qui possèdent peu d'expérience de la vie. Il s'agit souvent de personnes qui n'éprouvent pas de sympathie pour les autres, car elles souffrent encore de leurs propres blessures. Il y aura toujours des gens pour nous juger, c'est le prix à payer pour avoir vécu dans la marginalité ou pour avoir commis certaines erreurs.

Dans l'ensemble, les gens ont plutôt eu tendance à être compatissants à mon égard. En dépit du fait que je travaille dans mon village natal où plusieurs personnes me connaissent depuis longtemps, je me sens respectée. Il m'est arrivé à quelques reprises, dans mon travail, de me faire questionner à savoir si j'étais bien Sylvia, l'ex-femme de Patrick. J'appréhendais cette question depuis longtemps. Ma réaction m'a moi-même étonnée. Je ne me suis pas sentie mal à l'aise. J'ai répondu franchement : « Effectivement, c'était bien moi dans mon ancienne vie. » Il importait que je demeure honnête dans ces circonstances. Contrairement à mes craintes initiales, je n'ai pas senti que cela avait altéré mon rapport avec ces clients. Je ressens énormément de compassion autour de moi.

Responsable moi-même de tant d'erreurs et de maladresses, je serais très mal placée pour juger mon prochain. Comment pourrais-je juger les personnes qui se droguent après avoir moi-même expérimenté ce genre de problème? Nos erreurs passées nous permettent de mieux comprendre les écarts de conduite des autres. Nous apprenons à être plus indulgents envers eux, comme nous l'avons été envers nous-mêmes.

Si nous sortons renforcés des épreuves vécues, nous serons en mesure d'aider les personnes aux prises avec les mêmes problèmes et notre propre souffrance n'aura pas été vaine. Une expérience négative se revêt ainsi d'un aspect positif. Partager notre expérience peut contribuer à sauver une personne, ce qui serait déjà énorme. En témoignant de notre vécu, les personnes en difficulté peuvent s'y reconnaître et peut-être trouver l'espoir de s'en sortir à leur tour. Fortes du sentiment d'être moins seules dans leur malheur, elles pourront ainsi briser l'isolement dans lequel elles ont souvent tendance à se réfugier.

Le fait d'avoir traversé des épreuves amène parfois les réchappés à ressentir le besoin de travailler comme aidants dans un domaine connexe. La personne qui se voit confrontée à un problème de nature psychologique ou qui est atteinte d'une maladie devient parfois experte dans ce domaine. Mieux que quiconque, elle en connaît les symptômes, les sensations et les malaises. Toutefois, on ne s'improvise pas intervenant; une formation s'avère nécessaire. C'est une chose de connaître la nature d'un problème, c'en est une autre d'intervenir professionnellement auprès d'un malade ou d'une personne en difficulté.

L'expérience personnelle apparaît comme un atout dans le rôle d'intervenant, mais elle n'est pas requise. Il existe d'excellents intervenants qui n'ont pas nécessairement éprouvé des souffrances majeures dans leur propre vie. Ils sont naturellement empathiques et leur vocation consiste à aider les autres. Ils ont un tempérament fort sans avoir eu à vivre des expériences extrêmes. J'en connais plusieurs dont Marie-Michèle, une résidente en psychiatrie qui est une clinicienne exceptionnelle. Elle est naturellement empathique et sensible à ses patients. Elle a toujours eu une vie équilibrée.

Les gens qui souffrent ont besoin du soutien ou du réconfort des autres, que ce soit de leurs proches ou d'intervenants professionnels. Une fois la tempête calmée, nos souffrances ou nos malheurs servent aussi à nous faire apprécier la qualité de notre vie. Les souffrances dont nous sommes témoins chez les autres peuvent contribuer à nous faire reconnaître les petits bonheurs de notre propre existence.

L'ensemble de nos expériences de vie peut nous servir à aider les autres. Toutefois, pour certaines personnes, les expériences passées servent de prétextes à persécuter les autres. Par exemple, les anciens fumeurs deviennent parfois intolérants et même harcelants envers les fumeurs, au lieu d'être compréhensifs à leur égard. Importuner les fumeurs n'est pas un geste constructif. Nous sommes témoins quotidiennement de comportements néfastes à la santé ou au bien-être chez des personnes qui nous sont chères. Il s'avère cependant inutile de leur imposer nos convictions. Notre entourage mérite notre respect. Souvent, présumer de notre supériorité peut se révéler désastreux.

Durant la période où j'étais submergée de problèmes, je n'en étais pas totalement consciente. Mon niveau d'introspection s'avérait limité. Je ne me considérais pas comme une décrocheuse scolaire ou une droguée. Je ne percevais pas mes difficultés et je tendais à en minimiser l'impact. Bien sûr, j'admettais que je consommais de la cocaïne, mais je ne mesurais pas l'ampleur de ma dépendance. Je me trouvais mille excuses pour ne pas admettre la réalité : ma consommation n'était pas aussi fréquente que les autres, je n'avais pas de problème financier, etc. Je portais des œillères fort efficaces.

Bien que mes problèmes de consommation appartenaient désormais à mon passé, j'avais tendance à en minimiser la sévérité. Je prétendais avoir consommé pendant un an et demi, tout au plus, alors que la vérité s'avérait tout autre : je m'étais droguée pendant plus de six ans. Ma perception de ma dépendance à la cocaïne était demeurée biaisée. La thérapie m'a permis d'y voir plus clair bien des années plus tard.

Il était impossible de m'aider lorsque je me droguais puisque je déniais tout. Je me rappelle qu'un jour mon père m'avait souligné : « Tout irait beaucoup mieux dans ta vie si tu ne te droguais pas. » J'étais offensée qu'il ait osé me parler ainsi. Je ne me percevais pas comme une personne présentant des problèmes de drogue et je faisais encore moins le lien avec les répercussions que cela pouvait entraîner dans mon existence. Je croyais que mon père était totalement dans l'erreur. Pourtant, j'ai toujours eu tellement confiance en son raisonnement. Dès ma plus tendre enfance, je le considérais comme un homme intelligent et pragmatique.

Malgré tout, cette fois, j'étais persuadée qu'il avait tort. Voilà bien la force du déni.

Pour qu'une intervention soit efficace, la personne en détresse doit être capable d'entrevoir qu'une transformation soit possible dans sa vie. La psychothérapie s'avère rarement efficace lorsqu'une personne consulte à la demande d'un proche ou par obligation. La personne doit croire ou être en mesure d'entrevoir que la psychothérapie peut l'aider, sinon l'entreprise est vouée à l'échec. Nous avons souvent besoin d'aller au bout de nos expériences avant d'être prêts à recevoir du soutien.

Au début de ma relation avec Patrick, ma grand-mère m'avait mise en garde: «Tu es trop jeune pour avoir des enfants et pour te marier avec cet homme qui a une vie mouvementée.» En fait, sage comme elle était, ma grand-mère aurait probablement voulu me dire: «Quitte cet homme sur-le-champ, tu as dévié du droit chemin. Ta vie est en danger et tu cours au désastre.» Non seulement elle savait que je ne l'aurais pas écoutée, mais aussi que j'aurais pu me fâcher contre elle. Avec toute sa délicatesse, ma grand-mère s'était glissée par la toute petite ouverture que je lui avais laissée. Elle m'avait épargné ses remontrances qui auraient pu provoquer un froid entre nous. Je savais pertinemment, dans mon for intérieur, qu'elle avait parfaitement raison, même si je n'ai pas suivi ses conseils. Je n'étais pas prête pour ce changement, mais elle avait toutefois réussi à m'atteindre. La preuve est que je me souviens encore de ses avertissements vingt-cinq ans plus tard.

En ce qui me concerne, la tempête a duré huit longues années avant que je commence à comprendre que j'étais

désorientée et que j'entreprenne d'authentiques changements dans ma vie. J'ai toujours éprouvé un besoin d'aller au
fond des choses. Ma psychologue prétend que je manifeste
un mode de défense contre-attaque, ce qui peut expliquer
ce besoin d'aller toujours plus loin. On m'attaque, je riposte.
Cela peut expliquer, en partie, que j'aie mis tant d'années à
m'en sortir. Heureusement, ma vie a repris lentement son
cours normal. Après le mouvement de descente vient le
mouvement de remontée!

Auparavant, j'entretenais de mauvaises fréquentations
et je transgressais les lois; cela allait de pair. En effet, comme
la plupart des gens de mon milieu d'alors, je présentais le
profil d'une personnalité antisociale. Ce type de trouble de
personnalité se caractérise par un comportement impulsif et
une propension à l'indifférence envers les normes sociales
et culturelles, ainsi qu'un manque d'empathie pour les
autres. L'étiologie du trouble de la personnalité antisociale
serait multifactorielle, découlant à la fois d'un ensemble
d'événements survenus dans l'enfance et de facteurs envi-
ronnementaux et génétiques.

Je me souviens de quelques événements qui illustrent
bien le trouble de personnalité antisociale d'une personne
de mon entourage durant mes années de vie clandestine. À
titre d'exemple, si des animaux du voisinage dérangeaient
l'homme auquel je fais référence, ils risquaient de voir leurs
jours comptés. Il utilisait des pratiques cruelles pour éliminer
les animaux de son quartier. Il y avait un chien de garde dans
un commerce près de chez lui qui aboyait fréquemment la
nuit. Il a tenté de l'empoisonner avec de la mort-aux-rats. Il
lui a administré du poison en quantité industrielle, enrobé

de viande hachée, mais en vain. Heureusement, le chien a survécu. C'est ainsi qu'il a découvert que les chiens rejettent ce genre de poison de leur organisme. Il n'avait aucune pitié pour les chats; il en a supprimé plusieurs, sous prétexte qu'ils déchiraient ses sacs à ordures et qu'ils renversaient ses poubelles. Il avait mis au point un système pour capturer les chats dans une cage. Il les asphyxiait ensuite à l'aide d'un boyau raccordé au tuyau d'échappement de son automobile.

Il ne se préoccupait nullement des souffrances des maîtres de ces animaux de compagnie, qui devaient sûrement être affectés par leur disparition mystérieuse. Cet homme usait aussi de violence à l'égard des humains. Un jour, il acheta un chaton de race à un prix plutôt élevé. La semaine suivante, l'animal succomba à une maladie foudroyante, mais le commerçant refusa de lui rendre son argent. Mal lui en prit; les vitrines de son commerce volèrent en éclats sous les balles à quelques reprises. Le marchand s'est finalement ravisé et a remboursé pour acheter la paix.

Durant mes années de vie marginale, mon attitude correspondait partiellement à la manière dont on décrit les personnes aux traits de personnalité antisociale. Je n'étais pas cruelle comme cet homme qui tuait des animaux sans pitié, mais je ne respectais pas entièrement les lois établies par la société. Je n'étais pas non plus complètement insensible aux autres et j'éprouvais une certaine sensibilité relativement aux conséquences de mes actes, mais sans plus. Je présentais donc des traits de personnalité antisociale, sans être une psychopathe.

Le trouble de la personnalité antisociale s'avère parfois difficile à traiter, en particulier, en raison du refus de l'indi-

vidu d'admettre qu'il présente un problème. Personnellement, si quelqu'un m'avait dit à l'époque que j'étais atteinte
d'un trouble, je ne l'aurais pas cru. En neuropsychologie, on
utilise le terme *anosognosie* pour désigner le fait de ne pas
reconnaître ses propres symptômes. Il n'y a pas de traitement pharmacologique pour ce type de trouble, mais la psychothérapie peut se révéler efficace. En fait, le trouble de
personnalité ne constitue pas une maladie en soi, ce qui
explique qu'il n'existe pas de traitement pharmacologique
spécifique.

Heureusement, je m'en suis sortie et mes traits de personnalité antisociale se sont résorbés avec le temps. J'ai fait
le choix judicieux de changer mon style de vie. Les différents
aspects de ma vie personnelle, professionnelle et sociale ont
toujours été étroitement reliés. Ce qui s'est avéré le plus
salutaire pour moi a été sans contredit de couper les liens
avec tous les gens du milieu que je connaissais et de rencontrer un *homme normal*.

À vingt-sept ans, j'ai fait la connaissance de Nicolas, un
homme d'affaires qui excellait dans son domaine. Avec lui,
j'ai connu enfin une stabilité émotive et une sécurité financière. Cet homme fait partie des personnes qui m'ont beaucoup aidée à réintégrer le droit chemin. Il représentait un
modèle d'intégrité et d'honnêteté à mes yeux. Il était un
entrepreneur acharné et assidu à son travail. Tous les
matins, levé à six heures, il arrivait à son entreprise à sept.
De plus, il finissait rarement de travailler avant dix-neuf heures. Pendant plus de vingt-cinq ans, Nicolas a travaillé avec
acharnement comme entrepreneur. C'est ce qui l'a conduit

au succès. À ses côtés, je m'intégrais aisément à un mode de vie plus normal et surtout plus sain.

Nicolas m'a témoigné sa confiance et m'a traitée avec respect sans se préoccuper de ce que j'avais fait auparavant. Il ne voulait absolument pas entendre parler de mon passé. Cet homme, mon amoureux, était entouré d'honnêtes personnes, travaillant pour gagner leur vie de façon légitime. Plusieurs d'entre eux étaient des professionnels et des gens cultivés. Je vivais avec Nicolas, entourée de sa famille, de ses employés et de ses amis. Tous ces gens m'influençaient directement ou indirectement dans mon processus de réhabilitation. Mon environnement s'est transformé peu à peu. Il n'y avait plus de toxicomanes, plus de voleurs, plus de vendeurs de drogue, plus de danseuses nues dans mon entourage; que des gens équilibrés.

CONSCIENCE SOCIALE ET SYSTÈME DE VALEURS

Le respect des règles de notre société, des gens et de l'environnement se trouve à la base d'une vie harmonieuse. La morale agit comme un véritable pilier de l'édifice social. Cependant, la socialisation constitue un processus qui se construit et qui conduit à l'identité sociale; elle n'est pas innée chez l'être humain. L'environnement de chaque personne y participe en fournissant des modèles de conduite. En ce qui concerne ma conscience sociale, elle reposait sur un socle plutôt instable. Quand nous présentons des traits de personnalité antisociale, nous ne nous soucions pas des lois.

Durant mes années de déroute, tout y passait. Même les lois régissant le code routier n'y faisaient pas exception. Lorsque j'ai connu Nicolas, j'avais accumulé pour plus de deux mille dollars de contraventions à payer, ce qui représentait une somme considérable au début des années quatre-vingt-dix. Je les portais comme des blasons : plus j'en avais, plus ma fierté se gonflait. Je me stationnais à n'importe quel emplacement sans aucune considération pour la signalisation. Je ne réalisais pas à quel point je ne respectais pas les lois, tellement c'était devenu naturel et par réflexe. Je faisais exprès pour défier les règles sociales. Je me stationnais toujours directement devant la porte du centre commercial, sous prétexte que je ne disposais pas suffisamment de temps pour garer ma voiture plus loin. Avec le recul, il m'apparaît évident que cela n'avait aucun sens. C'était un geste purement arbitraire de ma part. Je ne travaillais même pas à cette époque ; je n'étais donc pas aussi occupée que je le prétendais. Ce prétexte n'était donc pas légitime, il me servait toutefois d'excuse pour justifier mes manquements aux règles.

Je ne prenais pas conscience que ma transgression s'étendait à plusieurs domaines. J'alimentais une révolte sourde et puissante contre les règles de conduite érigées par la société. J'étais consciente de ce que je faisais et qu'il s'agissait d'interdits, mais je n'en faisais qu'à ma tête. Mon inconscience contribuait à minimiser la gravité de mes actes et de leurs conséquences. Mon cerveau flottait dans un épais brouillard et mon jugement était faussé par ma rébellion.

Autant j'étais autrefois une personne antisociale qui défiait les lois, autant je m'efforce maintenant d'être une bonne citoyenne en les respectant et en essayant de ne blesser personne. J'avoue éprouver encore de la difficulté aujourd'hui à me conformer à certaines petites règles que je juge exagérément rigides. C'est mon tempérament qui revient au galop en se rebiffant contre toute imposition d'autorité. Par exemple, si je dois faire la file à un endroit quelconque, je n'apprécie pas me faire dire de reculer parce que j'ai dépassé la ligne. Une graphologue m'a d'ailleurs déjà mentionné que mon écriture traduisait un aspect de ma personnalité non conformiste. Cela m'avait fait sourire. Je savais pertinemment qu'elle disait vrai. Elle se fondait sur ma manière particulière d'écrire certaines lettres qui ne ressemblent pas à la forme traditionnelle enseignée.

Ma résistance à toute autorité peut s'expliquer par un besoin d'indépendance intense et non plus par des traits de personnalité antisociale. Aujourd'hui encore, j'éprouve de la difficulté à rendre des comptes à un supérieur. Heureusement, je pratique maintenant un métier qui me permet d'être autonome, tout en me conduisant en conformité avec les règles érigées par mon ordre professionnel. J'ai fait le choix d'être une travailleuse autonome, ce qui me convient parfaitement. J'observe les lois et je me respecte aussi en pratiquant un métier qui correspond à ma personnalité. Je me sens désormais en paix et en harmonie en observant toutes les lois.

La conformité aux règles de notre société ne signifie pas nécessairement une soumission aveugle. Nous sommes parfois justifiés de nous opposer au système en place. Voyons une illustration pertinente de contestation qui respecte les règles de bienséance. Au secondaire, le directeur d'école de ma fille l'avait sévèrement réprimandée, sur un ton impoli, la traitant de mal élevée parce que sa chemise sortait de son pantalon. Il l'avait obligée à rédiger un texte justifiant sa conduite. Elle avait répliqué par une lettre lui expliquant qu'il lui avait manqué de respect et qu'elle souhaitait le rencontrer pour en discuter. Lorsque le directeur a pris connaissance de cette lettre, il l'a convoquée à son bureau et s'est excusé de ses propos. S'opposer au pouvoir en place peut souvent requérir une certaine forme de subtilité, une manière civilisée de communiquer, sinon on risque d'aggraver la situation. Si Chloé avait répondu au directeur de but en blanc, il aurait pu interpréter cela comme une fanfaronnade et la situation se serait envenimée.

Pour pouvoir vivre une transformation profonde, il faut se déconditionner des manières de penser et de fonctionner qui appartiennent au passé en adoptant des habitudes plus adaptées et acceptables pour la société. En agissant ainsi, nous devenons plus en harmonie avec nous-mêmes et avec les gens qui nous entourent. Dans son livre *Qui fuis-je? Où cours-tu? À quoi servons-nous?*, Thomas D'Ansembourg proclame l'importance de la conscience et de l'appartenance communautaires dans la société actuelle. Chaque individu doit apporter sa propre contribution à la société. Au Canada, nous avons la chance de vivre dans un pays civilisé, où la qualité de vie est considérée parmi les meilleures à l'échelle mondiale. Les lois instituées par l'État ont pour but d'assurer la sécurité et le bien-être de tous les êtres humains, indépendamment de leur culture ou de leurs origines.

Notre société est structurée de manière à ce que l'individu travaille pour subvenir à ses besoins. L'équation s'avère relativement simple : plus nous déployons d'efforts au travail, plus nous pouvons nous enrichir et vivre confortablement. Ce raisonnement semble rudimentaire, mais pas nécessairement pour une personne présentant des traits de personnalité antisociale. Le rapport entre le travail et l'argent se veut alors totalement irrationnel, sans censure vis-à-vis des gagne-pain illégaux. Toutes sortes de moyens illicites, exigeant moins d'investissement de temps et d'efforts, sont utilisés pour se procurer de l'argent. Le malfaiteur ne réfléchit pas aux conséquences de ses actes, telles les répercussions de la vente de drogue, lesquelles entraînent tant de problèmes chez les jeunes. L'ironie est que la plupart des individus qui obtiennent de l'argent illégalement ne peuvent pas en jouir pleinement. Ils doivent se cacher du fisc et risquent de se faire saisir tous leurs biens du jour au lendemain.

La réhabilitation passe avant tout par l'occupation d'un travail légal. Les énergies sont alors investies dans des actions positives qui seront plus valorisantes. L'argent gagné légalement ne risque pas d'être saisi par les policiers et procure beaucoup plus de gratification. Le travail permet de gagner sa vie, de s'intégrer dans la communauté et d'être respecté par les autres. Il existe une telle diversité de métiers qu'il semble impossible de ne pas en découvrir un qui nous permette de nous épanouir. Nous consacrons le tiers de notre temps au travail; pourquoi ne pas exercer un travail qui nous passionne?

L'intégration dans le milieu du travail est une étape cruciale dans le processus de réhabilitation. Une formation ou un cours, quels qu'ils soient, peuvent s'avérer nécessaires durant le processus de réhabilitation. Souvent, il faut commencer au bas de l'échelle pour ensuite gravir les échelons, grâce à nos efforts.

Lorsqu'un processus de restructuration de sa vie est enclenché, tant aux plans personnel, professionnel que social, il peut être important de resserrer les liens avec certains membres de la famille ou des amis. Lorsque nous traversons des problèmes ou que nous nous écartons du droit chemin, certaines personnes peuvent décider de ne plus nous côtoyer afin de se protéger des contrecoups. Cela ne signifie pas qu'elles ont cessé de nous aimer, mais que, désemparées face à nos agissements et n'ayant pas les ressources pour nous aider, elles ont choisi de s'éloigner de nous. Reprendre contact avec certaines personnes peut être bénéfique, et les liens rétablis après l'épreuve peuvent être plus solides que jamais.

Une personne sensée et équilibrée ne se sentira pas à l'aise de fréquenter quelqu'un qui transgresse les lois ou qui se montre irrespectueux des gens et de l'environnement. La préservation de l'environnement est désormais devenue une valeur importante. Qui n'en tient pas compte risque de déplaire à beaucoup de gens et à les éloigner de lui. Seul le respect que nous témoignons envers tout ce qui nous entoure nous vaudra l'estime que nous souhaitons des autres.

Je comprends mieux maintenant ce que signifie le terme *conscience sociale*. Je crois en avoir acquis une bonne et j'en suis fière. Je ne me sens donc plus à l'aise de fréquenter des individus qui transgressent les lois, quelles qu'elles soient. Il s'agit d'un changement radical chez moi. Auparavant, ce genre de comportement ne m'embarrassait nullement, car j'agissais de la même manière. Les gens qui cultivent une bonne conscience sociale évitent habituellement ceux qui créent constamment des problèmes. Je prends encore un exemple chez ma fille : elle n'a aucun problème de consommation de drogue ni de comportement. Si une de ses amies prend une mauvaise tangente et qu'elle s'aperçoit qu'elle ne peut rien faire pour l'aider, elle se tient à distance et s'épargne ainsi d'éventuels ennuis.

Je respecte maintenant les lois et la société, et je suis respectée en retour. C'est du donnant donnant. Je me remémore un incident en particulier. En sortant d'un bar clandestin en pleine nuit, une policière m'avait interpellée avec des vocables humiliants. J'étais offusquée et je ne m'expliquais pas pourquoi elle m'avait insultée de la sorte. Je lui ai retourné son commentaire. J'ai compris que celui qui choisit de vivre en marge de la société encourt inévitablement ce type de réaction. Il faut avouer qu'il était monnaie courante d'utiliser des qualificatifs peu flatteurs pour désigner les policiers et les gardiens de prison dans mon milieu. Je me conduisais de manière passablement arrogante à cette époque.

Aujourd'hui, j'essaie de me comporter honorablement envers moi-même et envers les autres. Si nous agissons de manière respectueuse et altruiste, nous favorisons notre

—◼—

destinée, quoique nous ne puissions pas contrôler tous les facteurs qui l'influencent, comme la maladie, la mort et les agissements des autres individus. Il n'y a donc aucune garantie pour nous assurer que notre vie se déroulera sans anicroche. Nous ne savons jamais ce que la vie nous réserve. Elle regorge de surprises, parfois agréables, parfois fort désagréables.

Anticiper les conséquences de nos actes et voir à faire le bien autour de nous constitue une contribution humanitaire monumentale, selon le Dalaï-Lama. Dans son ouvrage à succès *L'art du bonheur*, il nous invite à ouvrir notre cœur et à témoigner d'une compassion authentique et durable envers les autres, tout en poursuivant le but ultime de la vie qui, selon lui, se résume à la quête du bonheur. Il proclame l'amour universel qui consiste à désirer intensément le bonheur de tous les êtres humains et à les voir libérés de leur souffrance. La compassion consiste à comprendre la souffrance de l'autre et à faire tout ce qui est en notre pouvoir pour l'aider à la soulager. Somme toute, la compassion équivaut à de la bienveillance à l'égard des autres.

Il semble facile de juger les autres plutôt que d'accepter leurs différences. La plupart du temps, c'est en découvrant l'histoire d'une personne que nous comprenons ce qu'elle est devenue. Par exemple, si nous sommes issus d'un milieu défavorisé ou dysfonctionnel, il y a de fortes probabilités que nous n'ayons pas connu des conditions stimulantes optimales pour notre développement. C'est pourquoi il faut se garder de juger son prochain et surtout pas en fonction de son apparence physique.

APPARENCE ET PROJECTION DE SOI

Dans le processus de réhabilitation, il s'avère indispensable que notre passé ne se voie pas à travers notre allure générale. Il importe d'adapter notre apparence physique et nos vêtements si nous voulons être perçus sous un jour nouveau. L'aspect physique influe considérablement sur l'opinion que les autres se forgent de nous. Selon Nicholas Boothman, auteur de *Tout se joue en moins de 2 minutes*, trois éléments principaux entrent en jeu lors d'une première rencontre : notre apparence, notre attitude et l'intérêt que nous suscitons chez les autres. Avant même d'entrer en contact avec une personne, et en quelques secondes seulement, nous enregistrons une multitude de détails qui influencent directement notre perception de l'autre. Une manière d'agir et de se vêtir appropriée, ainsi qu'un air soigné et propre sont susceptibles de transmettre un message positif à notre sujet. À nous de définir ce que nous souhaitons projeter comme image en demeurant fidèle à nous-mêmes.

La première impression sera généralement celle qui s'imprégnera. J'ai récemment croisé une jeune femme à la banque et j'ai d'abord été frappée par l'état des talons de ses chaussures qui étaient abîmés. Les talons étaient usés et faisaient un bruit clinquant lorsqu'elle marchait, tout comme les miens dans le passé. En l'observant plus attentivement, je lui découvrais plusieurs autres similitudes avec la jeune femme que j'étais autrefois. Elle était vêtue de manière provocante. Elle conduisait une voiture de luxe, ce qui ne cadrait pas du tout avec ses vingt ans. J'en ai conclu qu'elle menait probablement une existence marginale et que son copain frayait sûrement dans le milieu criminalisé. J'ai éprouvé un bref moment de sympathie pour cette étrangère, que je n'ai pas pu m'empêcher de juger uniquement sur la base de son apparence, sans même lui avoir adressé la parole.

Si nous faisons une mauvaise impression, il s'avère difficile de la rectifier par la suite. Lorsque nous décidons de changer de style de vie, des modifications dans notre apparence physique apparaissent souvent nécessaires, ce qui requiert une certaine prise de conscience. Notre apparence peut révéler, malgré nous, les bévues de notre passé. Même si les tatouages et les couleurs de cheveux flamboyantes sont davantage en vogue chez les jeunes aujourd'hui, ils peuvent dénoter une certaine forme de marginalité.

Par exemple, est-ce que mes directeurs de recherche m'auraient accordé la chance qu'ils m'ont donnée si je m'étais présentée à l'entrevue vêtue de manière très sexy ou s'ils avaient connu certains détails de mon passé? Ils n'auraient peut-être pas accepté de me diriger. Ils me connaissaient peu et ils se sont fiés à mon apparence et à ce que je projetais. Ils ont sans doute aussi suivi leur instinct dans ce processus de sélection.

Malheureusement, notre société devient de plus en plus fondée sur le paraître et nous sommes constamment évalués en fonction de celui-ci. L'intérêt grandissant pour la chirurgie esthétique et la recherche d'une apparence plus jeune en témoignent largement. D'autre part, si nous sommes favorisés au plan physique, nous partons avec une avance. En effet, il est démontré scientifiquement que les gens plus attrayants physiquement obtiennent plus de succès dans la vie, tant dans les sphères affective que professionnelle. Ainsi considérés comme des gages de santé, de dynamisme et surtout de performance, la beauté, le style et la jeunesse exercent un impact direct dans le processus de recherche d'un emploi, aussi bien que dans la quête d'un partenaire amoureux. Dans un monde idyllique, nous devrions être appréciés essentiellement en fonction de nos qualités et de nos compétences, ce qui ne s'avère, hélas, pas toujours le cas dans la réalité.

Améliorer son apparence pour une femme peut s'avérer beaucoup plus exigeant que pour un homme. L'homme peut tout simplement couper ses cheveux, se raser et s'habiller convenablement pour améliorer son allure en vue de la recherche d'un emploi. Pour la femme, l'amélioration de son apparence nécessite plus d'investissement en termes de temps, d'argent et d'astuces. Un style plus recherché exige un maquillage raffiné, une coupe de cheveux à la mode et une coloration discrète. Au plan des vêtements, le fait d'avoir du style ou pas peut faire la différence dans la recherche d'un emploi. Cela devient quelquefois un obstacle au niveau du processus de réhabilitation pour les femmes qui n'ont pas toujours les moyens financiers pour de tels changements, ce qui peut s'avérer un motif de découragement.

Si les ressources financières ne posent pas un problème, il faut oser changer de style vestimentaire, car nous sommes influencés par la manière dont les gens sont vêtus dans notre environnement immédiat. Les vêtements sont une

seconde peau et contribuent à la confiance en soi dans presque tous les contextes, y compris lors d'une entrevue. Les
friperies peuvent offrir une option abordable et parfaite
dans les circonstances. De nos jours, on y trouve non seulement des aubaines inouïes mais des vêtements de grande
qualité avec des étiquettes de grands designers, et des
accessoires de mode tout à fait tendance.

Évidemment, il y a certains types d'emplois comme
monteur dans une usine ou commis dans un entrepôt où
nous ne serons pas évalués sur la base des apparences.
Chaque type de travail comporte ses normes vestimentaires.
Il s'agit de les connaître et de les respecter. On ne s'habille
pas de la même façon pour travailler dans un bar que pour
suivre des cours à l'université. Les individus qui ne tiennent
pas compte du milieu dans lequel ils évoluent en s'habillant
de façon inappropriée risquent d'être jugés et de susciter de
la méfiance. Il faut s'adapter à notre environnement, sans
toutefois se dépersonnaliser. Lorsque nous nous réhabilitons
ou changeons de milieu de vie, il y aura probablement une
période de questionnement et de recherche pour trouver
notre style vestimentaire.

Les changements intérieurs vont fréquemment engendrer une métamorphose. J'ai moi-même intégralement
modifié mon style. Lorsque je travaillais dans un bar, je
m'habillais de manière provocante. J'optais pour un style
vestimentaire plus tape-à-l'œil. Je me teignais les cheveux
en blond. Je portais fréquemment une jupe courte et des
talons hauts. Lors d'un gala d'ouverture d'une discothèque,
je portais une perruque noire avec une longue tracée blan-

che au milieu, identique à celle des mouffettes. Il ne s'agissait pourtant pas d'une soirée costumée.

Mon revirement de carrière exigeait un style plus conservateur. Ma vie amoureuse m'a aussi influencée; je vivais avec un homme d'affaires et lorsque je l'accompagnais, je devais adopter une allure plus élégante et classique. J'ai transformé ma garde-robe graduellement à force de tâtonnements. Je me reconstruisais également en tant que femme. Il m'est arrivé de ne plus savoir exactement quelles tenues me convenaient, tant aux plans personnel que professionnel. J'essayais de me fondre à mon nouvel environnement en m'habillant plus sobrement. Dans cette phase d'exploration d'un style inédit et d'une nouvelle identité, j'ai parfois acheté des vêtements que je finissais par ne jamais porter.

Notre façon de nous exprimer nous représente en soi. Elle nous permet de transmettre aux autres notre pensée, nos idéaux et elle reflète notre capacité d'expression. Changer de milieu de vie peut en outre nécessiter un ajustement de notre langage. Par exemple, le niveau de langue utilisé dans le milieu des bars diffère considérablement de celui du monde des affaires ou de l'université. Cela exige une phase d'adaptation à notre nouvel environnement. Certains changements surviendront tout naturellement. Par contre, d'autres transformations requerront un plus grand investissement en termes de temps et d'énergie, une discipline et des efforts pour rectifier des expressions verbales profondément ancrées. Lorsque j'ai commencé à fréquenter Nicolas, il reprenait parfois ma prononciation et mes formulations. J'employais les termes: *moé* au lieu de *moi*, ou *char* au lieu de *automobile*. Je parlais et je sacrais parfois comme une fille de la rue. Mon niveau de langage en révélait long sur mon passé.

Notre attitude intervient aussi dans l'impression que nous suscitons chez les autres. Celle-ci porte les marques de notre façon de nous exprimer et de nos comportements qui reflètent notre vécu intérieur. Si nous sommes anxieux ou en colère, nous risquons de provoquer le même genre d'émotions chez les personnes avec qui nous échangeons. En éliminant les marques visibles de nos erreurs passées, nous nous évitons le jugement négatif des autres ou, du moins, nous en réduisons la probabilité.

RÉINSERTION SOCIALE

À l'âge de vingt-six ans, lorsque j'ai pris mes distances avec le milieu criminalisé, j'ai commencé à travailler dans un bar et, par la suite, dans un restaurant. Je n'appréciais pas particulièrement ces emplois. J'ai d'abord occupé un poste de gérante dans un bistro pendant quelques mois. J'entrais dans une période de transition. Un travail avec des heures régulières m'apportait une discipline de vie que j'avais peu connue jusque-là. Cependant, je continuais de chevaucher les limites de la légalité. J'achetais et je revendais des vêtements et des bijoux dont la provenance semblait parfois douteuse.

En réalité, je n'étais qu'à moitié réhabilitée. Je n'avais pas encore parfaitement réintégré le droit chemin, bien que je m'en approchais. Nicolas se préoccupait de mes activités.

Je vivais sous son toit et, en tant qu'honnête citoyen, il ne voulait pas être impliqué, ni de près ni de loin, avec quelque activité illégale. À sa demande, j'ai abandonné mon travail au bistro et j'ai cessé de vendre des vêtements, ce qui fut une décision raisonnable. Nicolas me taquinait parfois à propos de mon ancienne existence. Lorsque je l'ai connu, j'avais amassé une somme d'environ vingt mille dollars que je ne pouvais pas déposer à la banque puisque j'aurais été incapable d'en justifier la source. Je dissimulais cet argent dans les rideaux ballons de mon salon, ce qui le faisait rigoler.

Pendant trois mois, j'ai également travaillé comme serveuse dans un restaurant d'hôtel, mais cet emploi ne me convenait pas non plus. Je trouvais ce travail ingrat en raison de la manière dont certains clients me traitaient, c'est-à-dire sans respect, comme si j'étais leur servante. Supporter cela était fort désagréable et au-delà de mes forces. En effet, mon besoin d'autonomie et ma difficulté à travailler sous les ordres d'un patron ne concordaient pas avec ce travail, que j'ai abandonné dès que j'ai pu.

J'ai alors démarré une entreprise spécialisée dans l'achat de liquidation de biens à la suite de faillites, surtout dans le domaine vestimentaire. J'avais accumulé un inventaire considérable de vêtements qui ne se vendaient pas très bien. Je louais un local dans un centre commercial pour la revente, mais cette activité ne s'avérait pas rentable. Nicolas et mes parents m'agaçaient constamment à propos de cette aventure. Ils plaisantaient en disant qu'ils allaient m'acheter un camion semi-remorque pour transporter mon inventaire et me permettre de faire du porte-à-porte pour vendre mes vêtements. Ils m'irritaient avec ces blagues. Avec du recul, je comprends qu'ils trouvaient cocasse de me voir parmi toutes ces guenilles dans mon local délabré. Pour une seconde fois, mes tentatives en entreprenariat se soldèrent par un échec. Nicolas m'avait proposé d'acheter l'hôtel où j'avais travaillé, mais je ne me sentais pas prête à me lancer à nouveau en affaires. J'étais comme une maison sans fondations. J'avais besoin d'aller me chercher des bases avant d'entamer une carrière professionnelle.

À cette période de ma vie, je commençais à me rendre compte de mes limitations relativement à mes possibilités d'emploi. Je ne détenais ni diplôme d'études secondaires ni formation générale. Je me sentais coincée et insatisfaite des emplois que j'avais occupés jusqu'alors. Je voulais travailler, mais je souhaitais pratiquer un métier qui me passionnerait. Je regrettais maintenant d'avoir abandonné l'école sans avoir complété mon cours secondaire. Je commençais à envisager sérieusement l'idée de reprendre mes études. Mes dents de sagesse sont apparues à cette époque; j'en ai conclu que c'était parce je devenais vraiment adulte et que je gagnais en *sagesse*. Je sentais que j'avais acquis la stabilité nécessaire pour être capable de m'investir dans une carrière ou dans un programme d'études, mais je ne savais pas encore vers quoi me diriger.

Dans mon processus de recherche d'emploi, je réalisais de plus en plus l'importance d'être diplômée. L'entreprise de Nicolas employait environ cent cinquante personnes et leurs critères d'embauche en matière de scolarité se voulaient extrêmement élevés. Un commis comptable devait détenir minimalement un baccalauréat. L'un d'eux en avait complété deux. De plus, on exigeait que tous les employés maîtrisent parfaitement l'anglais. Sans diplôme d'études secondaires et de formation spécifique, la probabilité que je décroche un emploi intéressant s'avérait faible.

Ma vie personnelle et amoureuse prenait un nouvel envol. Je traversais une période de remise en question et de remaniement de carrière. Je ne fréquentais plus le même genre de personnes. Désormais, j'étais entourée de gens normaux et je m'approchais moi-même de plus en plus de la *normalité*. Nicolas s'est montré très généreux avec Chloé et avec moi. Nous avons partagé notre vie ensemble pendant dix ans. Il m'a beaucoup aidée à résoudre les problèmes résiduels de ma vie antérieure. Toutes ces années à vivre dans la marginalité avaient laissé de nombreux stigmates.

Un matin où Nicolas et moi devions partir pour un séjour à Tampa, en Floride, nous avons été refusés aux douanes américaines à cause de mes antécédents judiciaires. J'ai eu droit à un sermon humiliant de la part du douanier, qui m'a déclaré d'un ton solennel: «Vous êtes une indésirable pour les États-Unis d'Amérique et vous êtes chanceuse de ne pas vous faire arrêter ici et maintenant pour avoir tenté de franchir la frontière, sachant que vous avez un casier judiciaire.» Ces paroles m'ont donné l'impression d'être une paria. Je me suis sentie humiliée de m'être fait traiter ainsi.

Nous sommes retournés à la maison et Nicolas est allé travailler, à défaut de partir en vacances. Je suis restée seule, mélancolique d'avoir vu nos vacances ainsi gâchées. Je payais pour mes frasques de jeunesse. J'étais confrontée à la dure réalité qu'un jour ou l'autre nous expions toujours nos erreurs passées. Je réalisais que mes agissements antérieurs avaient des répercussions sur ma vie actuelle et sur celle de mes proches. Nicolas a été extrêmement désappointé de cette infortune.

Ce triste incident m'a poussée à entreprendre des démarches afin d'obtenir mon pardon et ainsi faire effacer mes antécédents judiciaires. À cet effet, un policier m'a rendu visite en vue de s'enquérir de mon mode de vie. Il m'a interrogée longuement sur les multiples aspects de ma vie. J'étais déjà aux études depuis un certain temps. À mon plus grand bonheur, j'ai reçu mon pardon judiciaire des Autorités canadiennes dans les mois qui ont suivi.

Le Service américain des douanes ne reconnaît pas le pardon canadien. À l'époque, j'ai aussi consulté un avocat qui m'a assistée dans la préparation de ma requête afin d'obtenir une autorisation de voyager aux États-Unis. Convaincu que je n'avais aucune chance, il avait prononcé ces paroles: « Il y a quatre-vingt-dix-neuf pour cent de probabilité que votre requête soit rejetée, considérant la nature de votre casier judiciaire relié au trafic de drogue. » Le Service américain des douanes se montre très sévère concernant les condamnations impliquant les stupéfiants, mais je n'ai pas baissé les bras pour autant; j'ai quand même acheminé ma demande.

Fort heureusement, j'ai obtenu le document m'autorisant à voyager en sol américain. On me l'a d'abord accordé pour un an, ensuite pour une seconde année et une troisième fois indéfiniment. Un douanier m'a récemment souligné que j'étais privilégiée de détenir cette autorisation. Depuis les attentats du 11 septembre 2001, ils n'en émettent plus pour une période indéfinie, mais seulement pour une durée maximale de sept ans. La moindre infraction pourrait faire en sorte que mon document soit révoqué. La même réglementation prévaut pour tout individu ayant des démêlés avec la justice. Il peut être refoulé aux douanes américaines.

Toutefois, lors de mes déplacements aux États-Unis, je dois toujours présenter ce document m'autorisant à y voyager et je dois remplir un formulaire spécial. Chaque fois, cela évoque cette erreur du passé qui remonte à plus de vingt-cinq ans. Mais ce n'est quand même pas si pénible en regard du privilège que j'ai de voyager. En traversant les frontières, les douaniers m'interrogent presque invariablement sur le délit pour lequel j'ai été condamnée et sur ma vie actuelle, tant aux plans personnel que professionnel. Je m'empresse chaque fois d'expliquer à quel point je suis réhabilitée, mais ils font leur travail et ils me questionnent. Je dois avouer que j'apprécie l'autorisation de voyager aux États-Unis, un endroit que j'affectionne particulièrement, surtout Miami où j'ai choisi d'écrire ce livre. J'ai probablement vécu aux États-Unis dans une vie... antérieure.

Alors que ma vie prenait un tournant décisif pour le mieux, j'ai entrepris une procédure de divorce d'avec Patrick, ce qui a causé un froid entre nous. Au fond, je crois qu'il était heureux que je vive avec Nicolas. Il savait sa fille en sécurité et élevée normalement. Les ententes du divorce furent assez sommaires, mais la procédure a quand même été quelque peu houleuse, même si nous étions légalement séparés depuis deux ans. Il restait des détails à régler concernant la garde de Chloé, alors âgée de six ans. Nous avons conservé les mêmes ententes que nous avions conclues lors de notre séparation. Tout ce qui m'importait dans ce divorce concernait la garde permanente de Chloé, que j'ai obtenue sans problème, alors que Patrick gardait son droit de visite une fin de semaine sur deux. Au plan financier, je n'avais aucune attente, mais je me libérais d'une vie empreinte de problèmes. Sans l'ombre d'un doute, cela valait tout l'or du monde.

Après mon divorce, j'ai entretenu des rapports convenables avec Patrick, sans plus. Il ne m'a plus importunée et a finalement accepté le fait que je ne serais plus jamais sa femme. Il a cessé de me considérer comme sa propriété privée. Il respectait mes décisions sur l'éducation de notre fille. Nous nous parlions rarement, à part pour les visites concernant Chloé. Elle n'allait pas régulièrement chez son père, ce que je préférais, car je m'inquiétais sérieusement pour sa sécurité lorsqu'elle dormait chez lui. En effet, il y a eu une période où Patrick déménageait constamment, allant de ville en ville. Je suppose qu'il craignait pour sa vie. À cette époque, il subissait un procès avec deux autres personnes, dont un membre d'un gang de motards connu. Ce n'était pas du tout rassurant pour une mère de savoir sa fille chez son père dans ces conditions. Je devenais extrêmement soucieuse lorsqu'elle allait chez lui, mais je n'osais pas lui interdire de le voir; il demeurait tout de même son père.

De mon côté, il me restait également des problèmes fiscaux à régler. Ces ennuis résultaient de l'enquête dont Patrick avait fait l'objet. Il avait été accusé d'avoir acquis des biens avec l'argent de la vente de drogue et tous nos avoirs avaient été confisqués, même notre maison, qui était à mon nom. Les Agences du revenu du Québec et du Canada avaient conjointement entrepris des démarches afin d'inves-tiguer nos déclarations de revenus personnelles des cinq dernières années. En fait, j'avais déclaré très peu de revenus jusque-là, ce qui ne coïncidait absolument pas avec le style de vie exubérant que je menais. Il y a eu même une année où je n'ai déclaré aucun revenu : pas de salaire, pas de bien-être social, rien. Je flottais dans ma bulle, loin de la réalité. Dans les circonstances, ce n'était pas surprenant que le fisc enquête sur mon cas.

Par l'entremise des avocats de Nicolas, j'ai convenu de certains arrangements avec les agents du fisc. Après six mois de négociations, nous avons déterminé un montant à payer pour régler les poursuites dont je faisais l'objet. L'avocat avait proposé, entre autres, la possibilité d'une faillite per-sonnelle, ce que j'ai refusé catégoriquement. J'aurais pu faire des arrangements pour rembourser le gouvernement par paiements différés. Toutefois, *mon prince charmant,* comme je me plaisais à appeler Nicolas, a réglé la rondelette somme de vingt mille dollars sur laquelle nous nous étions entendus avec le gouvernement pour mettre mes impôts à jour. Nicolas s'est montré très généreux de m'aider ainsi. Autant j'avais éprouvé des problèmes dans le passé, autant je disposais maintenant de moyens pour les résoudre.

Il restait mes deux mille dollars de contraventions à payer, qui s'étaient accumulées au fil des années. Nicolas m'a également fourni l'argent pour en finir avec toute cette histoire. Il m'a ensuite avertie que c'était la dernière fois qu'il acquittait une de mes contraventions. J'ai alors pris conscience que cela ne pouvait pas continuer. J'ai décidé qu'à partir de cet instant précis, j'allais me garer uniquement dans les endroits autorisés. Ainsi, j'ai cessé de *collectionner* les contraventions.

Il s'agissait d'un véritable nettoyage qui s'opérait dans ma vie. Je me réjouissais que tous mes problèmes se règlent l'un après l'autre. Nous avions fait le tour. Je commençais à respirer librement et à me sentir en sécurité dans mon nouvel environnement. Ma destinée prenait un autre envol, merveilleux cette fois, dans le droit chemin, entourée de personnes vertueuses. Nicolas m'a énormément soutenue durant cette période d'assainissement et d'épuration. Il a fait preuve d'une admirable bonté à mon endroit.

En décidant de changer de style de vie, j'ai aussi dû reconsidérer mon cercle d'amies. Les affinités, que je partageais avec mes amies d'autrefois, s'étaient dissipées progressivement. Une amie que je continuais de voir à l'occasion agissait maintenant de manière inacceptable à mes yeux: j'ai dû mettre un terme à cette relation. Lors d'un souper au restaurant, elle m'a demandé de lui prêter mon téléphone cellulaire pour faire un appel. J'ai acquiescé à sa demande sans hésitation. À ma grande surprise, le lendemain, j'ai reçu un appel d'un inconnu qui semblait être un vendeur de drogue. Il insinuait que je l'avais appelé la veille. J'en ai conclu qu'elle avait utilisé mon téléphone cellulaire pour se commander de la drogue.

À une autre occasion, cette même amie m'avait invitée à souper au restaurant. Elle insistait pour régler l'addition. À mon grand désarroi, elle a payé la facture avec une carte de crédit clonée. Par un drôle de concours de circonstances, ma fille s'était fait cloner sa carte de guichet automatique la semaine précédente. Je comprenais donc la détresse que cela pouvait engendrer chez les victimes de ce genre de fraude. J'étais abasourdie et l'incident m'a plongée dans un grand embarras. Surtout que je connaissais le personnel de cet établissement depuis longtemps. J'ai choisi de ne pas la dénoncer à cause de notre amitié. Ce fut cependant la dernière fois que j'ai vu cette femme. J'avais résolu plusieurs de mes problèmes, mais elle, de son côté, en était toujours au même point. En continuant de la côtoyer, je risquais de m'occasionner des ennuis. Nos chemins se sont séparés à la suite de cette soirée *mémorable*.

Je réalisais que Nicolas, un homme honnête, avait raison de ne pas vouloir risquer de se compromettre en fréquentant des personnes aux mœurs douteuses. Sa réputation entrait en ligne de compte. Lorsque nous travaillons honnêtement, nous ne voulons pas être associés à des délinquants. Cela pourrait soulever des doutes quant à notre intégrité et nuire à nos affaires. C'est ainsi que mon entourage s'est transformé peu à peu. J'ai développé de nouvelles amitiés avec des personnes honnêtes et normales avec lesquelles je partageais des affinités et un système de valeurs plus responsable.

CHAPITRE IV

Restructuration de ma vie

---•---

L'AMOUR

À PARTIR DE CETTE ÉPOQUE, MON ATTITUDE S'EST PROFONDÉMENT modifiée pour le mieux. Je me conformais davantage aux lois. Je devenais une honnête citoyenne et je me sentais une nouvelle personne. Mes peurs s'estompaient graduellement et j'appréciais énormément ma nouvelle vie. J'évoluais désormais dans un environnement sain et sécuritaire. J'avais acquis une stabilité émotionnelle.

L'amour peut permettre de soulever des montagnes. Dans mon cas, l'amour m'a aidée à me réhabiliter, à m'épanouir et à me transformer. J'aimais Nicolas et il me le rendait bien. J'avais confiance en cet homme. Je me croyais au paradis, surtout après les années difficiles que je venais de traverser. Je goûtais enfin à une part de bonheur. J'avais rencontré *mon prince charmant*, comme dans un conte de fées. J'étais une femme comblée : amour, affection, stabilité, respect et aisance.

Nous menions une existence de rêve : de nombreux voyages chaque année, des séjours dans des hôtels luxueux et des destinations découvertes. Nous planifiions nos voyages haut de gamme à partir de recherches sur Internet. Je vivais dans une douce plénitude : magnifique villa à Saint-Thomas dans les îles Vierges, avec piscine creusée, terrasse à flanc de montagne et vue imprenable sur la mer. Nicolas avait même loué un bateau pour entreprendre des excursions vers les îles Vierges américaines et britanniques, dont Virgin Gorda qui ressemble aux îles Fidji. Des voyages des plus mémorables dans un climat d'amour et de stabilité. Plusieurs fois par année, nous allions à Miami où nous étions invités par la famille de Nicolas qui possédait un condominium et un magnifique yacht de quinze mètres. Ce coin de pays est devenu mon endroit de prédilection.

Nicolas me gâtait abondamment. Je détenais une carte de crédit pour magasiner... le souhait de toute femme. À deux reprises, il m'avait même offert une voiture neuve pour mon anniversaire. Pour mes trente ans, il m'avait réservé une surprise grandiose : stationnée en face du restaurant où nous étions allés souper, une superbe décapotable de l'année m'attendait. En sortant du restaurant, nous déambulions sur le trottoir quand il a activé la télécommande pour la déverrouiller et m'a dit simplement : « Cette automobile t'appartient. » J'étais transportée de joie, car mon statut d'étudiante m'empêchait de m'offrir pareille voiture.

Toutefois, il persistait une ombre au tableau dans notre relation amoureuse. Même si j'étais pleinement satisfaite de ma relation avec Nicolas, mon avenir m'inquiétait au plus haut point. J'avais contracté une assurance vie, en cas de décès, dont ma fille se voulait la principale bénéficiaire. Au moins, si je décédais, elle disposerait de suffisamment d'argent pour poursuivre ses études. Par contre, je ne possédais aucune sécurité financière à ce moment-là, ni pour moi ni pour ma fille. Malgré toutes ses générosités, Nicolas s'obstinait à ne pas vouloir se marier et fonder une famille. Il craignait les coûts d'une éventuelle rupture.

Le mariage et la famille auraient consolidé notre amour, mais, hélas, ils ne se trouvaient pas au rendez-vous, bien que nous nous aimions éperdument. Nous avons vécu ensemble pendant dix ans, sans pour autant former un couple traditionnel. Une certaine distance persistait toujours entre nous. Certains sujets, dont les finances, n'étaient jamais abordés. Je ne connaissais rien de sa situation financière. J'ignorais même s'il détenait une hypothèque sur sa maison. Tous ses comptes étaient acheminés directement à son bureau et sa secrétaire s'en chargeait.

Évidemment, rien n'est parfait en ce bas monde. Nicolas a largement contribué à ma réhabilitation et à mon cheminement vers mon indépendance. Peu d'hommes auraient accepté de subventionner les études de leur conjointe aussi longtemps, d'autant plus qu'en tant qu'autodidacte, il n'était pas emballé par celles-ci et ne m'encourageait pas ouvertement. Il croyait que je perdais mon temps et que mes études ne serviraient à rien. Malgré cela, il ne m'a jamais empêchée de les poursuivre.

J'étudiais à temps complet et Nicolas se dévouait corps et âme à son entreprise. Nous menions une vie rangée : nous étions entourés de personnes ayant de bonnes valeurs et nous nous amusions follement ensemble. Nous vivions dans un univers aux antipodes de ce que j'avais connu auparavant.

J'ai compris la nécessité de s'entourer de personnes qui cultivent des valeurs semblables aux nôtres. Les gens qui ne les partagent pas risquent de nous blesser en posant des gestes insignifiants à leurs yeux, mais inacceptables pour nous. En général, notre entourage nous renvoie le miroir de nous-mêmes; les personnes honnêtes s'attirent des amis intègres. À l'inverse, les personnes malhonnêtes, agissant de manière déloyale, affectent les autres et se méritent des amis du même acabit qu'eux.

Les personnes moins honnêtes sont plus préparées à être trompées ou trahies et, par le fait même, elles risquent d'être moins affectées par une trahison. Cela ne signifie pas qu'il est préférable d'être malhonnête, mais plutôt de choisir minutieusement nos amis sur la base de valeurs communes.

FORMATION ACADÉMIQUE

J'ai traversé une période de transition qui allait s'avérer déterminante pour ma carrière. Avant d'entamer mes études, je m'étais rendu compte que le métier de serveuse ne me convenait pas et que je ne possédais pas les atouts pour réussir comme entrepreneure, profession qui me captivait déjà. Je voulais apprendre un métier et j'étais bien déterminée à retourner aux études, sans savoir encore précisément vers quel domaine je me dirigerais. Je me renseignais sur les divers programmes offerts à l'université, leur durée et les perspectives d'emploi. À ce moment-là, je ne pouvais pas m'imaginer où cette route me conduirait un jour.

Mes raisons de vouloir entreprendre des études universitaires étaient multiples : d'une part, je désirais apprendre une profession stimulante qui me permettrait de bien gagner ma vie, d'autre part, je souhaitais accroître ma culture personnelle. Comme je vivais maintenant avec Nicolas, je côtoyais des gens plus cultivés et je voulais approfondir mes connaissances générales. J'avais d'ailleurs commencé à lire de nombreux manuels d'histoire, en particulier sur les personnages et les événements qui ont marqué le vingtième siècle.

N'ayant pas terminé mes études secondaires, je partais de très loin. Pour faire du rattrapage en mathématiques et en anglais, j'ai suivi des cours aux adultes durant une session. Ma professeure de mathématiques était sidérée de me voir compléter tous mes modules si rapidement, puisque, au test de classement, on avait voulu me reclasser en deuxième année du secondaire. Je réapprenais à étudier après une dizaine d'années d'absence du milieu scolaire. J'ai été fière d'obtenir mon diplôme d'études secondaires. J'avais franchi une première étape, mais je ne me doutais nullement que ce diplôme représentait le premier d'une série qui allait aboutir au doctorat.

Ensuite, j'ai complété une session d'études à temps plein au niveau collégial afin d'être éligible à un programme universitaire. Je ne me sentais pas tellement à l'aise au cégep, mais je n'avais pas d'autre choix. Dans la classe de philosophie, les étudiants, beaucoup plus jeunes que moi, émettaient leurs points de vue qui différaient considérablement des miens. Certains cours s'avéraient plus difficiles que d'autres : plusieurs étudiants reprenaient le même cours deux ou trois fois, ce qui n'a pas été mon cas. Je m'investissais à fond dans mes études.

L'année suivante, j'étais enthousiasmée à la perspective d'entreprendre mes cours universitaires et de côtoyer des individus de tous âges. J'ai d'abord complété un certificat en intervention psychosociale. Il s'agissait d'un programme fort enrichissant qui attirait surtout des infirmières, des thérapeutes et même des policiers. Lors des travaux d'équipe, des idées stimulantes émanaient de ce groupe d'étudiants hétérogènes. Mon certificat m'a servi de tremplin dans le milieu universitaire. Je débordais d'admiration pour les diplômés des études supérieures parce qu'ils faisaient partie d'un milieu qui m'était inconnu. J'accédais maintenant à un monde que j'avais cru inaccessible pendant tant d'années. De succès en succès, j'acquérais de la confiance en moi et en mes moyens.

Mon certificat me permettait d'accéder au programme de baccalauréat sans l'obligation de détenir un diplôme d'études collégiales. Les programmes de certificat sont conçus pour ceux qui veulent effectuer un retour aux études alors qu'ils ressentent des incertitudes par rapport à leurs champs d'intérêt. Ils permettent d'explorer plusieurs domaines en vue de découvrir ce qui les stimule. Il n'est pas toujours évident de savoir d'emblée le métier que l'on aimerait exercer.

Après avoir complété mon certificat, j'ai effectué des demandes d'admission dans trois programmes de baccalauréat : administration, enseignement des mathématiques et psychologie. L'administration m'intéressait parce que j'ai toujours voulu devenir entrepreneure, même si, jusqu'à ce jour, mes tentatives s'étaient soldées par des échecs. L'enseignement des mathématiques constituait une autre avenue, étant donné que je possédais beaucoup d'aptitudes dans ce domaine, ce que j'avais pu constater dans mes cours pour adultes. Enfin, la psychologie m'interpellait parce que le fonctionnement du cerveau humain du point de vue neuronal et psychologique m'avait toujours intriguée. À ma grande stupéfaction, j'étais admise dans les trois programmes. C'était inouï ; toutes les portes s'ouvraient devant moi. J'entrais dans une très belle période de ma vie.

Mon choix s'est arrêté sur le baccalauréat en psychologie pour plusieurs raisons : d'une part, la pratique privée me procurerait une grande autonomie, d'autre part, je voulais comprendre le fonctionnement du cerveau, probablement parce que je ne me comprenais pas moi-même. Peut-on supposer que certaines personnes qui sont attirées par la psychologie nécessitent parfois elles-mêmes une psychothérapie ? C'était du moins mon cas ! Enfin, mes incertitudes se sont dissipées et il est devenu évident que ma voie serait la psychologie. À partir de cet instant, mon plus grand désir fut de devenir psychologue.

Mes trois années d'études au baccalauréat se sont révélées très exigeantes. Le programme était contingenté et les notes normalisées. La normalisation assure une répartition uniforme des résultats à travers tous les niveaux de notes.

En conséquence, je récoltais des notes dans la moyenne, ce qui ne suffisait pas pour une admission aux études supérieures en psychologie. À cette époque, la maîtrise ou le doctorat pouvait permettre d'obtenir un permis pour la pratique de psychologue. Aujourd'hui, le doctorat s'avère obligatoire pour les nouveaux membres.

Parallèlement à mes études, je devais aussi consacrer du temps à ma vie familiale et amoureuse, ce qui a sûrement exercé un effet négatif sur mes résultats scolaires. La conciliation famille/études rendait plus difficile l'obtention de notes élevées. J'ai passé plusieurs soirées et quelques nuits blanches à étudier dans un coin de la chambre, ce que Nicolas n'appréciait guère. Je suivais cinq cours par session dont certains exigeaient beaucoup de mémorisation et une véritable montagne de lecture à faire.

Plusieurs ouvrages de référence étaient rédigés en anglais alors que je n'étais pas bilingue. Durant ma première session, j'ai suivi des cours d'anglais privés. Au premier abord, la lecture s'avérait très ardue. À un de mes premiers cours, j'ai lu deux pages et demie en trois heures avec l'assistance de mon professeur, alors que j'en avais douze à lire cette semaine-là seulement, pour un seul cours. Il fallait que j'apprenne rapidement. Je devais également produire des travaux informatisés. Je n'avais jamais touché à un ordinateur et je repoussais sans cesse ce moment. Durant tout mon baccalauréat, j'écrivais mes travaux à la main et je payais quelqu'un pour les transcrire en version informatisée.

D'expérience, j'ai appris qu'il est possible de poursuivre des études sur le tard dans la vie et de bien les réussir. Cependant, je demeure convaincue qu'il est préférable de ne pas les interrompre, car les jeunes ont moins de contraintes familiales et possèdent des capacités de mémorisation optimales. Des études ont d'ailleurs montré que le fonctionnement cognitif commence déjà à décliner dans la vingtaine avancée et que cette diminution se poursuit tout au long de la vie.

Un de mes cours se déroulait dans un laboratoire de recherche d'un hôpital psychiatrique. Dire que j'avais opté pour ce stage en fonction de mon horaire me fait réaliser à quel point le hasard gouverne bien les événements parfois. Dans ce laboratoire, j'ai découvert le monde de la recherche en santé mentale et fait la connaissance de plusieurs chercheurs chevronnés.

Un de ces chercheurs, Laurent, a accepté de me diriger dans un programme de maîtrise en sciences biomédicales, impliquant des études cliniques dans le domaine de la santé. Mon expérimentation portait sur l'orientation spatiale chez l'être humain. J'ai d'ailleurs présenté, lors d'un congrès, des données faisant état de la supériorité des hommes en comparaison des femmes en orientation spatiale dans un labyrinthe à dimension humaine. J'avais remporté le premier prix de cinq cents dollars lors de cette présentation. Une autre lettre que j'ai conservée précieusement! J'ai eu l'opportunité d'avoir de merveilleux directeurs de recherche qui m'ont initiée à cet univers. Je leur en suis franchement reconnaissante. En acceptant de me diriger dans mes études, ils ont facilité ma réhabilitation et m'ont permis d'en apprendre énormément au plan personnel.

L'humilité offre ses avantages dans de telles circonstances. Il faut pouvoir être réaliste par rapport à soi et se connaître réellement. Sans une certaine dose d'humilité, il peut sembler difficile de redevenir un étudiant après avoir interrompu ses études pendant dix ans. Un ami qui excellait en affaires avait décidé de reprendre ses études. Il dirigeait une entreprise employant une centaine de personnes, tout en suivant ses cours universitaires. Parfois, il manifestait son désaccord au professeur. L'écart entre son rôle de président d'entreprise et celui d'étudiant se révélait trop grand pour lui. Il était plus habitué à commander qu'à suivre les ordres. Un jour, il quitta la salle de cours pour ne plus y revenir. Le système d'enseignement ne lui convenait pas. Quelques années plus tard, il en éprouva du regret lorsqu'on contesta sa nomination à un haut poste de direction dans la fonction publique, sous prétexte qu'il ne détenait pas de diplôme universitaire.

Qu'importe ce que nous avons vécu auparavant et l'âge que nous avons, lorsque nous décidons de retourner aux études, nous sommes désormais étudiants, ce qui n'est pas toujours facile concrètement. L'un de mes directeurs de recherche a toujours traité ses étudiants comme des novices, sans considération pour l'âge. J'avais 32 ans lorsque j'ai commencé à travailler avec lui, alors qu'il en avait 38. J'avais parfois l'impression qu'il me traitait comme s'il avait tout à m'enseigner. Si je voulais que la relation soit harmonieuse, je devais m'y faire. Lorsque j'ai tenté d'imposer davantage mon point de vue à propos de la soumission d'un article, nous avons eu un différend.

En revanche, j'ai aussi eu un autre directeur qui me traitait davantage d'égal à égal. Soulignons que ce directeur de recherche s'était trouvé au préalable dans cette même situation puisqu'il était un médecin ayant immigré au Canada et il avait dû refaire des études avant de pouvoir pratiquer. Je crois qu'il était devenu plus empathique à la cause des étudiants étrangers ou plus âgés.

J'ai poursuivi mon rêve de devenir psychologue avec ténacité et persévérance, malgré les embûches. J'ai achevé ma maîtrise en sciences biomédicales en deux ans. Ensuite, j'ai entrepris mon doctorat en recherche en neuropsychologie à l'Université de Montréal. J'ai hésité un moment entre poursuivre mes études ou entrer sur le marché du travail. Nicolas insistait pour financer le démarrage d'une entreprise, mais mon goût des études et ma soif de connaissances l'ont emporté. La carrière de psychologue ne cessait de m'interpeller. J'avais déjà cumulé sept années d'études et je n'avais pas l'intention d'abandonner avant d'atteindre mon objectif.

Le programme axé sur la recherche ne me permettrait pas de devenir psychologue, mais plutôt chercheuse en santé mentale. Pour mon plus grand bonheur, je fus acceptée l'année suivante à l'Université du Québec à Montréal (UQAM) au programme de doctorat en recherche et intervention. J'exultais de joie. C'était la consécration : après huit années d'études au cours desquelles j'avais développé un intérêt marqué pour la neuropsychologie, je réussissais enfin à entrer dans le programme qui allait me permettre de réaliser mon rêve : devenir psychologue clinicienne.

La neuropsychologie est une spécialisation orientée sur l'évaluation des fonctions prises en charge par le cerveau, notamment l'attention, la mémoire, l'organisation, la perception, le langage, la lecture et l'écriture. Le processus d'évaluation neuropsychologique vise à établir un profil des forces et des faiblesses de l'individu dans une optique diagnostique. L'état psychoaffectif est également évalué afin de faire ressortir la présence d'anxiété, de tristesse, de colère ou de perte d'estime de soi qui peut affecter la sphère cognitive. À titre d'exemple, une personne atteinte d'une dépression majeure va fréquemment ressentir une diminution de ses capacités d'attention et de mémoire.

J'ai enfin été reçue dans ce programme de doctorat où les étudiants sont acceptés au compte-gouttes, et ce, dans toutes les universités. L'année où j'ai entrepris mon doctorat à l'UQAM, nous étions huit à avoir été admis en neuropsychologie et seulement deux étudiantes l'ont été l'année subséquente. Les admissions dépendent de la disponibilité des professeurs à prendre de nouveaux étudiants sous leur direction. Le plus difficile se trouvait maintenant derrière moi. Ma lettre d'admission à l'université s'avère sans contredit la plus formidable que j'ai reçue de toute ma vie. Je l'ai conservée soigneusement comme un trophée. C'est mon Oscar. Je l'ai l'encadrée et je ressens une sensation d'allégresse chaque fois que je la relis.

Mon dossier de recherche m'a grandement aidée à être admise au doctorat: j'avais participé à plusieurs congrès internationaux et je comptais déjà quelques articles scientifiques à mon actif. Durant mes deux années de maîtrise en sciences biomédicales, j'ai quotidiennement fréquenté le Centre de recherche auquel mes deux directeurs étaient affiliés. J'appréciais beaucoup cet établissement fort stimulant de même que son personnel: chercheurs, infirmières et secrétaires. Je m'étais aisément intégrée à l'équipe et je m'impliquais dans divers projets d'étude scientifique. Je devais souvent me rendre à l'université pour consulter les articles de revues. J'étais devenue un véritable rat de bibliothèque et ma vie s'était complètement métamorphosée. Mon souhait de devenir plus instruite et cultivée avait été exaucé.

Exceptionnellement, j'avais un directeur de recherche et deux codirecteurs au doctorat. Mon directeur, Gilbert, était professeur et chercheur à l'UQAM, alors que Laurent était devenu mon codirecteur. Mon deuxième codirecteur de l'Université de Montréal, Xavier, était psychiatre et chercheur émérite. J'étais entourée d'une équipe d'experts chevronnés en recherche et en clinique. J'ai vite compris que cette profession de chercheuse en santé mentale se voulait intellectuellement passionnante, mais, hélas, financièrement ingrate. Les bourses et les subventions s'avèrent extrêmement difficiles à obtenir. J'ai un respect infini pour tous les chercheurs du monde! Vers la fin de ma carrière, je crois que je referai de la recherche en santé mentale... sans me préoccuper du salaire.

Quand nous tenons véritablement à réaliser un rêve, il ne faut jamais baisser les bras. Au cours de mes études doctorales, j'ai obtenu une deuxième maîtrise, cette fois en psychologie. Cela me permettait de pratiquer la neuropsychologie. Après plus de dix années d'études universitaires, mon rêve se concrétisait enfin. Je me retrouvais sur le fauteuil de l'autre côté du bureau. Cette profession allait me donner l'occasion d'aider des gens. C'est la pratique qui m'a fait découvrir ce qu'elle pouvait m'apporter. Comme tous ceux qui œuvrent auprès de personnes malades, je me sens utile et aidante en tant que neuropsychologue. En les côtoyant, je prends conscience de mon propre bien-être et je l'apprécie encore davantage.

Par l'obtention d'un doctorat en neuropsychologie, mon cinquième diplôme universitaire qui a nécessité cinq années supplémentaires, j'ai mis un terme à cette riche aventure. Après seize années de retour aux études, dont quinze à l'université, je ne suis pas peu fière d'exhiber tous mes diplômes dont j'ai tapissé mon bureau.

Dans le cadre de mes études doctorales, j'ai réalisé un essai clinique auprès de patients atteints de schizophrénie. Mon expérimentation se déroulait en partie dans une institution psychiatrique. Cet hôpital, datant de 1873, servait autrefois d'hospice pour les personnes dites aliénées. Il s'agit d'un lieu austère aux murs de pierre grise, aux longs couloirs. Nous entendions parfois les patients hurler, ce qui pouvait donner des frissons dans le dos tant la misère était omniprésente. Je réagissais pourtant tout autrement : j'étais consciente du malheur de ces êtres souffrant mentalement et de leur besoin d'aide impératif. En outre, l'environnement ne me rendait pas mal à l'aise. Lors d'une visite de groupe de l'hôpital, le guide m'a choisie pour la démonstration de la camisole de force, qu'on utilisait jadis. Du haut de la tour où nous nous trouvions, les deux bras ainsi croisés autour du corps et attachés derrière, j'ai ressenti une sensation indescriptible.

Travailler auprès des malades en faisant tout ce que nous pouvons pour les aider est gratifiant. C'est un véritable privilège d'exercer un métier d'intervenant même si, en ce qui me concerne, j'éprouve parfois de la tristesse et un certain sentiment d'impuissance. Dans ce lieu, j'avais l'impression d'aider, ce qui me procurait une joie et une satisfaction profondes, aussi minime que fût l'impact de mon travail auprès de ces patients.

Assister à autant de misère me renvoyait le reflet de ma propre existence et me faisait prendre conscience de ma chance inouïe. Je réalisais à quel point ma qualité de vie s'était améliorée. J'étais en bonne santé physique et mentale, ma famille se portait bien, j'étais entourée de personnes qui m'aimaient, je pratiquais une profession fantastique et je disposais de ressources financières appréciables. Que me fallait-il de plus pour être heureuse? Rien. J'étais privilégiée. Il ne me restait qu'à le savourer pleinement.

De mes années d'études, j'ai retiré un épanouissement personnel autant que professionnel. J'ai fait des stages dans plusieurs hôpitaux. Cela changeait des nombreuses prisons que j'avais visitées dans le passé. J'ai développé des liens d'amitié solides et durables avec des confrères et des consœurs, avec qui je partageais des intérêts communs. J'ai participé à des congrès dans plusieurs pays et je conserve de merveilleux souvenirs de mes voyages en France, en Suisse, à Vancouver et aux États-Unis.

J'ai visité plusieurs villes américaines dans le cadre de ces congrès, dont Chicago, Colorado Springs, Las Vegas, Savannah et Seattle. La majorité des frais de ces déplacements étaient assumés par les fonds de recherche de mes directeurs ou par le Centre de recherche auquel j'étais affiliée, une contribution précieuse dans les circonstances.

Au cours de ma maîtrise en sciences biomédicales, j'ai effectué un périple de quatre semaines en France avec deux camarades, Annie et Tatiana. Nous avons d'abord réalisé un stage de trois semaines dans une clinique universitaire de psychiatrie à Montpellier. Nous assistions aux entrevues des psychiatres avec leurs patients hospitalisés. Je n'oublierai jamais ces deux mères qui avaient commis un infanticide. Elles avaient toutes deux perdu le sens de la réalité, mais chacune de manière différente. Ce stage s'est révélé extrêmement enrichissant. Nous avions développé une belle complicité avec les stagiaires en psychiatrie qui provenaient des quatre coins du monde. Toujours à Montpellier, nous avons participé à un congrès sur le sommeil où nous avons présenté nos résultats de recherche.

Notre triade s'est aisément adaptée aux coutumes de la vie montpelliéraine. Le soir venu, nous rentrions de la clinique à pied en faisant nos emplettes; baguettes et bouteilles de vin sous le bras. Les charcuteries et les pâtisseries nous suffisaient pour souper. Nous logions dans un petit hôtel où la propriétaire ressemblait à une tenancière de bordel, comme dans les films. Le quartier laissait à désirer. Il n'était pas recommandé de s'y promener seule le soir... mais il faut ce qu'il faut lorsqu'on veut se loger à prix modique!

Il était défendu d'apporter de la nourriture dans les chambres, mais nous faisions fi de cette interdiction. Pour ne laisser aucune trace de notre repas consommé dans la chambre, je balançais le sac de nos restes par la fenêtre, directement dans le bac à déchets en bas dans la ruelle. J'étais devenue une experte dans le lancer du sac: un bruit d'enfer se faisait entendre chaque fois qu'il atterrissait. Mon petit côté rebelle y prenait plaisir! Après le souper, nous envoyions des courriels à nos directeurs pour les renseigner sur le déroulement de notre séjour.

Par la suite, nous avons gagné Lyon en vue de participer à un autre congrès. J'ai présenté une conférence sur les troubles du sommeil chez les patients atteints de schizophrénie. Puis, nous avons clôturé ce voyage en passant une semaine à Paris, la Ville Lumière, la ville de mes rêves. J'ai visité le Louvre, le Musée d'Orsay, l'Opéra Garnier, la Tour Eiffel et, bien sûr, les Galeries Lafayette. J'étais tout simplement ébahie par tant de splendeur!

Avant de quitter le Québec, j'avais tenté de me procurer des billets pour assister à un concert à l'Opéra Garnier, mais en vain. Un soir, vers dix-huit heures, alors que je me promenais seule dans les rues de Paris, je me suis retrouvée devant ce somptueux édifice. Je suis entrée et, sur présentation de ma carte étudiante, j'ai pu obtenir un billet à un prix dérisoire, à peine vingt dollars au lieu de cent. Assise dans la deuxième rangée, je fus subjuguée par la magnificence du décor et par le spectacle. Ce voyage en France fut des plus mémorables. Grâce à Annie, qui était devenue une experte à dénicher des bourses, tous nos frais de séjour ont été couverts, à l'exception de nos achats de vêtements et de livres. Tatiana avait acheté une montagne de livres, ce qui lui a valu un supplément de cent dollars pour le surpoids de ses bagages au retour.

Nous voyagions toujours plusieurs étudiants ensemble, en plus de nos directeurs de recherche, qui assistaient habituellement aux congrès. Dans le cadre d'un congrès à Whistler, l'un d'eux nous a payé les frais d'hébergement dans un magnifique condo au bas des pentes de ski pendant une semaine entière. Une limousine nous a conduits de Vancouver à Whistler, car, pour cinq personnes c'était moins cher que l'autobus. Rien de trop beau pour la vie d'étudiant! Nous participions au congrès quelques heures par jour en assistant à des conférences et en présentant les résultats de nos recherches. En dehors de ces heures de travail, nous faisions la fête; soupers bien arrosés, bains nocturnes dans le jacuzzi, sorties dans les discothèques. Même le ski, dans les magnifiques montagnes de Whistler, était au menu.

Ces voyages attestaient que ma vie pouvait être tout autant exaltante en dehors du milieu criminalisé. Mon besoin de vivre des émotions fortes se trouvait à nouveau comblé, mais de manière constructive. Lors de ce voyage à Whistler, j'ai mentionné à mes amis que j'aimerais rencontrer un loup en montagne. Lors de chaque promenade que j'avais faite dans les bois au cours des dernières années, je me suis surprise à souhaiter croiser un animal sauvage, par exemple un ours. Il serait sans doute préférable que je m'adonne à des activités palpitantes, comme le parachutisme ou l'escalade de montagne, pour satisfaire ce besoin de vivre des sensations intenses. J'ai toujours voulu apprendre à piloter un avion, il serait peut-être temps que je m'y mette.

Lors d'un voyage à Savannah, en Géorgie, toujours dans le cadre d'un congrès, mes amis et moi avions loué une chambre sur le bord de la mer à plus d'une demi-heure de route du congrès. Nous passions plus de temps à nous prélasser à la plage qu'au congrès. Nous avions découvert un sympathique restaurant spécialisé dans les fruits de mer où nous pouvions même jouer au billard. Notre directeur de recherche s'était d'ailleurs joint à nous pour un souper. Il se rappelle encore aujourd'hui que tous ses étudiants ayant participé à ce congrès avaient attrapé des coups de soleil. Rouges comme des homards, il nous était difficile de lui cacher où se déroulait la majeure partie de nos journées.

Ma nouvelle vie d'étudiante et mes accomplissements académiques me procuraient de vives sensations de plaisir et de satisfaction. Mon existence s'était transformée pour le mieux, plus que je n'aurais jamais pu l'imaginer. Après mes infortunes, j'avais enfin droit au renouveau, à une heureuse renaissance intérieure. Je souhaite que tous ceux qui souffrent et qui traversent des épreuves puissent accéder aussi à une vie meilleure. Certes, trouver la voie pour y parvenir ou découvrir l'angle pour amorcer la démarche n'est jamais simple. Je crois cependant que, lorsque le moment est venu de prendre sa destinée en main, nous le ressentons et le processus s'enclenche peu à peu.

Les études universitaires visent avant tout à parfaire nos connaissances, mais elles ne servent pas qu'à cela. Elles constituent aussi une occasion idéale pour tisser des liens d'amitié durables. Cela nous permet d'élargir nos horizons et d'ouvrir notre esprit sur la diversité culturelle. Ayant toujours vécu en banlieue de Montréal, où on comptait autrefois très peu d'immigrants, je n'avais jamais eu l'opportunité de découvrir d'autres cultures. À l'université, j'ai pu enfin développer des amitiés multiculturelles, notamment avec deux collègues d'origine bulgare et un autre d'origine iranienne. J'ai côtoyé des gens de tous âges, bien que la communauté estudiantine soit composée principalement de jeunes adultes.

Bien que le but premier des études universitaires consiste à apprendre une profession, elles contribuent également à enrichir la personnalité et la culture générale. En outre, elles permettent de rehausser la confiance en soi et de développer le sens critique, la rigueur de pensée et la capacité de résoudre des problèmes. Mes études m'ont apporté tout ce que je viens d'énumérer et bien plus encore. J'y ai cultivé une meilleure compréhension de moi-même, le fondement de tout épanouissement personnel. Étonnamment, en me préparant à devenir psychologue, j'ai acquis un bagage de connaissances et d'outils qu'il me manquait pour réussir comme... entrepreneure.

Assurément, plus d'un chemin mène au succès. Certaines personnes n'ont pas besoin d'accomplir de longues études pour assimiler toutes les compétences que j'ai citées plus haut. Elles présentent des aptitudes naturelles et savent d'instinct comment réussir grâce à leur flair, leurs compétences, leur force et leur sens de la stratégie. Mon ami entrepreneur qui employait plus de cent personnes a démarré son entreprise dans la vingtaine avec un diplôme collégial. Il ne ressentait pas la nécessité de faire un doctorat pour réussir. Il possédait déjà tous les atouts requis pour triompher dans son domaine. Il était un fonceur-né et il se distinguait par son excellent jugement critique.

AMBITION ET PERSÉVÉRANCE

J'avoue que je privilégie un mode de pensée pragmatique. Je considère que la meilleure façon d'obtenir ce que nous désirons vraiment consiste à aller le décrocher en accomplissant des gestes concrets. Certains auteurs prétendent que nous pouvons réussir à atteindre nos idéaux simplement par la pensée magique, en prononçant: «Je le veux.» À mon avis, cela ne correspond pas au fonctionnement de la réalité. Encore que les pensées positives se révèlent importantes, elles ne suffisent pas. Elles ne sauraient substituer les actions concrètes et le travail, tant au plan personnel qu'au plan professionnel. La plupart des personnes qui obtiennent du succès dans la vie y ont consacré beaucoup d'efforts, et ce, sur une longue période de temps. Le succès n'arrive pas soudainement, sans qu'il n'y ait eu au préalable une longue route émaillée d'expériences positives, mais également d'embûches.

Notre réussite dépend en grande partie de notre détermination à atteindre les buts que nous nous sommes fixés. Il faut y croire. Si nous sommes persuadés d'être capables d'y parvenir, rien ne pourra nous arrêter. Nous vaincrons tous les obstacles et nous pourrons poursuivre notre route. Il faut être tenaces et persévérants, sinon la moindre contrainte mettra un frein à notre élan. Ces deux grandes vertus, si elles nous accompagnent, peuvent nous permettre d'aller au-delà de ce que nous avions espéré.

N'allez pas croire que ma vie est devenue un fleuve tranquille après avoir décidé de la changer. Loin de là! Mon parcours a été parsemé d'embûches et de détours. Au premier
abord, j'aurais pu tout laisser tomber si j'avais prêté foi aux
paroles d'un orienteur à l'éducation des adultes. Il affirmait
candidement que les probabilités que je sois admise au baccalauréat en psychologie étaient quasi... nulles. Je ne me
suis pas laissé abattre et j'ai tenté ma chance malgré tout.
J'ai persévéré dans ma ferme intention de devenir psychologue après une première maîtrise en sciences biomédicales. Je me suis ensuite inscrite au doctorat et j'ai dû faire
une deuxième maîtrise avant de parvenir à mes fins.

J'ai même été obligée de reprendre mon examen de
synthèse au début de mon doctorat. Cette épreuve consiste
à répondre à certaines questions sur un thème de recherche
spécifique dans un délai de deux semaines. Il s'agit d'un travail de synthèse sur un sujet scientifique. J'avais préparé cet
examen avec désinvolture pendant mon voyage en France.
En conséquence, j'ai échoué et j'ai dû le reprendre parce
qu'il s'avérait obligatoire pour le programme de doctorat à
l'Université de Montréal. J'ai dû également élaborer deux
projets de doctorat, car le premier se rapportait à l'expérimentation d'un médicament pour traiter la schizophrénie
qui, malheureusement, n'a pas été approuvé au Canada.
J'avais parfois l'impression que je devais tout faire en
double: deux maîtrises, deux examens de synthèse, deux
projets de doctorat. Considérant le fait que je suis née sous
le signe des Gémeaux, il ne faut s'étonner de rien!

Je n'oublierai jamais le jour où j'ai terminé l'introduc-
tion d'une vingtaine de pages de ma thèse, sous la super-

vision d'un de mes codirecteurs qui la jugeait acceptable. Lorsque je l'ai ensuite présentée à mon directeur de thèse, il m'a fortement recommandé de la mettre à la poubelle et de la réécrire en entier. J'avoue que je n'ai pas suivi son conseil, je l'ai plutôt remise sur l'enclume pour l'améliorer. J'ai dû aussi me préparer à deux reprises pour présenter ma thèse. Un des membres du jury ayant subi un accident le jour prévu, on m'a annoncé le matin même que ma soutenance serait reportée de un mois. Ce qui est acquis plus durement est parfois plus apprécié par la suite.

Les gens qui réussissent ont beaucoup de mérite à mes yeux. Nombreux sont ceux qui souhaitent le succès sans vouloir y mettre l'effort qu'il commande. Quelle utopie! L'ambition et la motivation constituent le moteur de la réussite. Chacun est animé par ce qui le fait réellement vibrer. Sans ambition, la vie peut devenir une errance sans but. La motivation et les objectifs donnent une direction. Sans eux, nous risquons de stagner et même, parfois, d'être conduits au rôle de victimes. Derrière toute réussite se cache un énorme investissement de temps et d'effort soutenu. Nicolas a mené une très belle carrière, mais il a commencé à travailler dans son domaine à l'âge de dix-huit ans. À force de labeur, il a connu un franc succès en érigeant une compagnie qui employait plus de cent cinquante personnes.

Le changement est possible, mais il ne faut pas nous attendre à ce que, du jour au lendemain, notre vie soit complètement transformée. Il faut être patient et y mettre les efforts nécessaires. Tout bien considéré, la route peut parfois être longue, mais combien gratifiante.

NOUVEAUX LOISIRS

Lorsque nous décidons de changer de style de vie, nous avons besoin de nouveaux centres d'intérêt, même au plan des loisirs. Les mauvaises habitudes doivent être remplacées par des activités plus saines. L'amour, le travail et les loisirs nous aideront à établir un nouvel équilibre.

Mon changement de style de vie m'a donc amenée à modifier mes activités au niveau des loisirs. Durant mes années de déroute, j'avais mis en veilleuse toutes les activités créatives qui me passionnaient. Je ne parvenais pas à suivre des cours ou à m'intéresser longuement à quelque activité que ce soit; j'étais trop instable. Sous l'effet de l'alcool et de la drogue, mon attention était limitée. Avec tous les changements positifs qui s'opéraient dans ma vie, je devenais apte à m'investir dans des cours sans les abandonner après deux semaines. Le côté artistique et créatif de ma personnalité, qui s'était évanoui à l'adolescence, refaisait surface. Ce fut alors une grande source de satisfaction et de motivation.

J'ai commencé à peindre à l'âge de trente-cinq ans. Dans le cours où je m'étais inscrite, nous étions une dizaine de femmes. On nous laissait choisir notre médium. J'ai opté pour la peinture à l'huile. J'avais un penchant pour les portraits. Des heures durant, je pouvais m'installer dans un parc ou chez moi pour m'adonner à mon nouveau passe-temps favori. J'adorais peindre. C'est comme si le temps s'arrête lorsque je peins. Plus que tout, c'est pour moi une détente exceptionnelle. Ma fille, Chloé, a aussi développé un intérêt marqué pour les arts. Je l'ai initiée à la peinture dès l'âge de sept ans. C'est une artiste dans l'âme. Nous avons développé une passion commune pour cet art.

À sa manière, Nicolas s'intéressait également à la peinture; il collectionnait les œuvres d'art. Les fins de semaine, nous visitions souvent des galeries, une activité familiale qui nous fascinait tous. Avec des amis, également épris des arts, nous séjournions parfois dans des régions habitées par de nombreux artistes peintres, comme Charlevoix.

À la même époque, j'ai découvert une autre passion que je partageais avec Nicolas, la danse sociale. Il avait suivi des cours pendant plus de douze ans et avait atteint un niveau professionnel. Il était fort élégant lorsqu'il dansait, avec son port royal, le torse aligné et la tête légèrement inclinée vers l'arrière. J'ai pris des cours de danse sociale pendant six ans. À l'occasion, Nicolas venait assister à mon cours et nous intégrions ensemble mes nouveaux apprentissages. À partir de cette période, j'ai commencé à apprécier davantage les soirées et les événements dansants. Nous dansions la rumba, le mambo, la valse et plusieurs autres danses.

Il n'est jamais trop tôt ou trop tard pour s'initier à la pratique d'une activité qui nous passionne. Ma professeure de danse, âgée de soixante-huit ans, était toujours aussi passionnée. Lorsque nous avançons en âge, il devient souvent plus facile de pratiquer des activités qui nous intéressent, car, une fois libérés du tourbillon du travail et de la famille, nous disposons habituellement de plus de temps libre. Dans le volume *Le meilleur de soi*, le psychanalyste Guy Corneau aborde en profondeur le sujet de la créativité et ses bienfaits.

—◇—

Il existe d'innombrables activités auxquelles nous pouvons nous adonner. L'important consiste à découvrir nos propres intérêts qui peuvent varier tout au long de notre vie. Pour ma part, je suis revenue à l'apprentissage de l'anglais, un vieux rêve que je caressais depuis l'adolescence, ayant voulu poursuivre mes études secondaires dans une institution anglophone. En 2010, j'ai suivi des cours d'anglais intensifs à Miami et à Montréal pour me perfectionner dans cette langue. Une amie, âgée de soixante-quatre ans, a débuté des cours d'espagnol pour s'adapter à son environnement latino-américain. Il s'agit de sa nouvelle passion; comme quoi il n'y a pas d'âge pour s'initier à l'apprentissage d'une langue... ou toute autre activité.

Certains psychologues, dont un ami qui pratique la psychothérapie depuis plus de vingt-cinq ans, emploient une approche thérapeutique qui accorde une grande importance aux loisirs et à la créativité. Cet ami a développé une grille qui englobe le travail, l'amour et les loisirs dans le but de rétablir l'équilibre entre ces trois sphères. Une personne qui travaille beaucoup et qui a une vie familiale intense dispose de peu de temps pour des loisirs. Elle doit donc s'occuper des aspects négligés de sa vie et s'accorder du temps pour elle-même. De nos jours, notre vie est souvent consacrée au travail et à l'éducation des enfants. Il faut tendre vers un meilleur équilibre, plus nécessaire que jamais.

PSYCHOTHÉRAPIE

Il ne faut pas attendre de devenir malade ou d'être en état de crise pour consulter un psychologue. La psychothérapie peut aider à résoudre des problèmes personnels ou à clarifier une période de questionnement. La durée de la thérapie varie en fonction de certains facteurs dont la sévérité et la chronicité du problème. Ce qui compte également, c'est l'ouverture du patient par rapport au processus thérapeutique. La première étape d'une psychothérapie consiste généralement à l'identification de la problématique. Pour qu'elle soit efficace, le patient doit être en mesure de percevoir son problème et être conscient qu'une psychothérapie pourrait l'aider.

La psychothérapie d'approche cognitive comportementale cible les effets de nos pensées sur nos comportements. Comme il a été démontré, nous agissons inconsciemment de manière à corroborer nos croyances. Nous savons maintenant à quel point les pensées positives et négatives nous affectent profondément. Cette approche vise donc à identifier les croyances négatives qui nous empêchent d'avancer et, du même coup, à les remplacer par des croyances positives.

À titre d'exemple, j'ai suivi une cliente en psychothérapie qui faisait une dépression majeure. Elle avait débuté une médication parallèlement à la psychothérapie. Elle pleurait sans arrêt lors de la première séance. Nous avons identifié ensemble les causes de cette profonde tristesse : un mariage qui ne la rendait plus heureuse. Cette femme n'aimait plus son mari, mais elle considérait qu'elle ne pouvait pas divorcer parce que ses parents étaient très religieux. Elle a quand même décidé de se séparer et, à sa grande surprise, lorsqu'elle en a informé ses parents, ils lui ont mentionné que tout ce qu'ils souhaitaient était son bonheur. Ils lui ont aussi avoué qu'ils n'étaient plus aussi pieux qu'auparavant. Elle entretenait cette croyance négative à propos de ses parents de qui elle semblait pourtant très proche. Cette histoire nous enseigne aussi qu'il ne faut pas prétendre connaître les intentions des autres si nous ne les validons pas auprès d'eux. Nous pouvons parfois être totalement surpris. La communication est d'une grande importance dans tout type de relation interpersonnelle.

Nous avons souvent tendance à agir inconsciemment de manière à entretenir et à confirmer nos convictions. Voyons un exemple personnel illustrant en quoi une croyance négative peut affecter notre fonctionnement. J'ai longtemps entretenu la certitude que je n'étais pas une bonne cuisinière. Lorsque je cuisinais, je faisais tout brûler, ce qui renforçait ma croyance négative. J'ai carbonisé des repas entiers à maintes reprises. Je ne prétends pas être devenue un cordon-bleu, mais je crois maintenant que je suis capable de préparer de savoureux repas. Mes croyances concernant mes habiletés culinaires sont devenues plus positives et, du coup, je me suis améliorée dans la préparation des repas.

Nos croyances à propos de nous-mêmes et de notre environnement sont en grande partie déterminées par le contexte dans lequel nous avons grandi. Ma mère a toujours soutenu qu'elle n'aimait pas cuisiner. Je n'ai donc pas déve-

loppé auprès d'elle l'envie de cuisiner. Ce manque de transmission du savoir a été assimilé de façon inconsciente et
s'est transformé en une croyance négative, alors qu'il relève
plutôt d'un contexte peu propice à l'apprentissage. Dans le
même courant, je n'ai pas transmis à ma fille un vaste réper-
toire de recettes. Peut-on établir un lien avec le fait que son
amoureux, Louis-Philippe, occupe un poste de cuisinier dans
un restaurant gastronomique? Lorsqu'ils m'invitent à manger chez eux, la haute gastronomie est au rendez-vous, bien
entendu! La dernière fois, nous avons dégusté de la pintade
rôtie avec chou rouge au lard et crème fraîche à la mou-
tarde. Lors des fêtes où je reçois habituellement ma famille,
Louis-Philippe prend dorénavant en charge la préparation
du repas.

En ce qui concerne les problèmes émanant des relations
parentales durant l'enfance, la thérapie sur les schémas de
Young s'avère très efficace, car elle permet de mettre en
lumière des conflits non résolus avec les parents. En identi-
fiant d'abord ces schémas, nous pouvons ensuite trouver
des moyens pour les transformer ou les neutraliser. Ce processus thérapeutique, qui peut nécessiter un investissement
de soi à long terme, va généralement engendrer des changements favorables au plan des relations interpersonnelles.

Dans mon processus de cheminement personnel, j'ai
consulté une psychologue pendant trois ans. Je traînais
d'anciennes blessures à guérir et je me posais aussi des
questions existentielles. La thérapie m'a amenée à mieux
comprendre qui je suis aujourd'hui et à établir des liens avec
mon passé. J'ai pris conscience des effets dévastateurs
d'avoir été abandonnée par mes parents et des expériences

que j'ai vécues dans les premières années de ma vie d'adulte.

La thérapie m'a permis d'identifier un schéma d'abandon qui remontait à l'âge de six ans, lorsque j'ai été séparée de mes parents. Par la suite, j'ai longtemps reproduit ce schéma d'abandon dans mes relations amoureuses en allant vers des hommes qui ne me convenaient pas. La rupture était imminente entre nous. Cette blessure était si profondément enracinée qu'invariablement j'attirais des hommes qui détenaient le pouvoir de la raviver en me trompant. Je me heurtais toujours à la même contradiction: d'un côté, je cherchais un homme fidèle et, de l'autre, je finissais toujours avec des infidèles chroniques. J'ai connu mon lot d'hommes volages jusqu'à ce que je comprenne les mécanismes sous-jacents de mon schéma d'abandon.

Ce schéma d'abandon était particulièrement réactivé et renforcé avec Patrick. Je revivais l'abandon de manière récurrente lors de nos séparations biannuelles. L'instabilité de la relation me tenait en alerte. Je me retrouvais dans une situation familière, mais combien pénible! Le fait d'avoir identifié ce schéma constitua une grande avancée dans mon évolution. J'ai tenté par la suite d'apprendre à le désamorcer et à le résoudre. Ce faisant, j'ai réalisé pourquoi ma chanson préférée, depuis toujours, était *Stand by Me* de Ben E. King, alors que je n'en saisissais pas l'ironie profonde à cause de mon manque de compréhension de la langue. Elle traduisait ma peur d'être abandonnée: «Reste près de moi, j'ai peur la nuit.»

En psychothérapie, j'ai aussi découvert que j'avais développé un schéma de méfiance et d'abus. La méfiance provenait d'une intériorisation de l'allure rebelle de mon père, que j'ai interprétée comme une révolte par rapport à toute autorité. J'ai intégré cette attitude de méfiance dans la plupart de mes relations. La relation que j'ai entretenue avec Patrick n'a fait qu'amplifier cette méfiance chez moi. De plus, non seulement ai-je été dupée par mon mari, mais je l'ai été également par des amies et certains membres de ma famille.

Toutes ces expériences négatives de trahison ont contribué à renforcer mon manque de confiance en autrui. Cependant, à long terme, elles m'ont poussée à cultiver certaines valeurs contraires. L'honnêteté est devenue primordiale dans mes relations intimes. D'une part, je ne veux pas faire subir à ceux que j'aime les souffrances que j'ai moi-même déjà éprouvées. D'autre part, le sentiment de méfiance provenait probablement en partie de ma réaction profonde à l'abandon de mes parents.

L'honnêteté dans les relations entre parents et enfants revêt une importance cruciale pour un développement de liens affectifs stables et durables. À mon avis, il s'avère préférable de dévoiler la vérité à un enfant tout en employant des paroles réfléchies. Il a droit à la vérité, même si elle peut paraître difficile à comprendre. Ainsi, l'enfant réalisera qu'il peut avoir confiance en ses parents, mais aussi que ceux-ci ont confiance en lui.

J'ai toujours été franche envers ma fille. Même si la vérité semblait parfois crue à avouer, je la lui révélais. Alors qu'elle avait huit ans, son père a été incarcéré de nouveau. Je lui ai expliqué clairement les raisons de son emprisonnement et son choix de style de vie. Je lui ai laissé l'entière liberté de choisir d'aller le voir ou pas. J'ai dû être très claire puisqu'elle a décidé qu'elle n'irait pas. Je m'interrogeais sur la pertinence d'éduquer mon enfant de cette manière. Aujourd'hui, je suis convaincue d'avoir bien agi; nous partageons un lien de confiance solide. Chloé ne doute pas de mes paroles. Récemment, je lui ai demandé si elle avait confiance en moi; elle m'a répondu: «J'ai une confiance aveugle en toi.» Elle témoignait ainsi d'une grande loyauté à mon égard. Malgré ses propres convictions, malgré son bon jugement et sa capacité de prendre ses propres décisions, elle sait qu'elle peut toujours compter sur moi.

Ma fille m'a confié que, de toute manière, même si je ne lui avais pas fait part de la vérité, elle l'aurait sûrement apprise de son cousin. Il lui rapportait tout ce qu'il entendait. Les enfants se racontent les secrets que les adultes cherchent à leur dissimuler. Ces cachotteries sont souvent interprétées comme un manque de confiance de la part des parents envers eux. Il peut en résulter, chez les enfants, une diminution de la confiance envers les autres ou envers eux-mêmes. Cela m'amène à me questionner sur l'impact des secrets si typiques dans ma famille, sur le développement de ma propre confiance envers les autres et envers moi-même. La confiance en soi et l'estime de soi sont étroitement liées et commencent à se développer très tôt dans l'enfance.

Le développement de notre estime de soi est en lien direct avec les rapports que nous entretenons avec les adultes qui nous entourent durant l'enfance, plus spécialement nos parents. Après qu'un individu a vécu des traumatismes, l'estime de soi peut demeurer fragilisée. Lorsque l'estime de soi est affaiblie, une personne peut agir de manière à se manquer de respect et tolérer de se faire maltraiter par autrui. Elle ne se rendra pas compte qu'elle a agi par manque d'estime d'elle-même. Ce phénomène est régi par des forces inconscientes. Inversement, l'estime de soi permet de croire en ses moyens et conduit à l'accomplissement personnel. L'identité se construit sur la conviction qu'on mérite d'être bien traité et d'être heureux.

L'estime de soi varie chez certains selon les domaines d'activité qu'ils abordent : on peut, par exemple, se percevoir efficace dans le travail, mais moins bon dans les relations humaines. Dans mon cas, il apparaît clair que j'ai développé une bonne estime de soi dans le cadre de mon travail. Par ailleurs, il en fut longtemps autrement dans mes relations interpersonnelles. Fallait-il que j'aie une faible estime de moi-même en fermant la porte aux hommes sains dans mes amours.

Une manière de favoriser une meilleure estime de soi est de dresser une liste de nos qualités. Si nous éprouvons des difficultés à les identifier nous-mêmes, nous pouvons demander à nos proches de nous les nommer. Prendre conscience de nos qualités en nous les répétant et en conscientisant les bonnes actions que nous avons réalisées contribue à rehausser l'estime de soi. Par exemple, je peux réaliser que je suis un bon parent ou que je suis une personne généreuse, et cela aura pour effet de favoriser une meilleure estime de moi-même. En contrepartie, les personnes qui n'ont pas une bonne estime d'elles-mêmes vont avoir de la difficulté à énumérer leurs qualités, alors qu'elles n'éprouvent pas de difficulté à nommer leurs défauts. La thérapie peut aider dans cette démarche.

Le développement de l'estime de soi engendre des changements positifs dans toutes les sphères de la vie, que ce soit au travail ou dans la vie sociale et personnelle. La confiance en soi exerce un rôle majeur dans l'accomplissement de notre travail. Quelqu'un qui n'a pas confiance en lui voit ses possibilités d'avancement se restreindre. Il s'édifie ainsi lui-même des barrières qui lui apparaissent infranchissables. Il faut viser haut dans la vie afin de dépasser nos propres limites.

Un accroissement de la confiance en soi peut parfois bouleverser les relations interpersonnelles déjà existantes. Lorsque nous décidons de nous affirmer davantage, nous pouvons paraître plus déterminés, voire agressifs aux yeux des autres. L'humour peut aider à faire valoir nos idéaux et à alléger certaines situations.

Lorsque j'ai commencé à vivre avec Nicolas et à étudier, j'entrais dans une phase où je m'affirmais davantage. Quelquefois, je devenais maladroite, je parlais trop fort ou je pouvais m'emporter soudainement pour des banalités. Un jour, il se produisit un incident qui me fit sérieusement réfléchir. Nous nous étions rendus dans un parc d'attractions pour faire plaisir à Chloé. J'attendais une place pour me garer lorsqu'une voiture se faufila dans l'espace que je convoitais. Très choquée, je suis descendue de mon automobile en protestant vivement auprès du conducteur et j'ai donné un coup de pied dans sa portière. Nicolas était abasourdi par ma conduite. Cet incident anodin avait provoqué chez moi une réaction disproportionnée par rapport au contexte. Je devais donc réajuster mon comportement et discerner la différence entre l'affirmation de soi et la révolte.

Au fil des années, je gagnais de l'assurance dans ma relation avec Nicolas. Je devais notamment faire valoir mon point de vue qui différait considérablement du sien à propos de l'éducation, entre autres. Il croyait fermement que mes études ne me mèneraient nulle part. Bien sûr, je bénéficiais de son soutien financier, mais pas de son soutien moral. Il aurait préféré que je travaille ou, mieux encore, que je demeure à la maison à me tourner les pouces. Il aurait été moins préoccupé quant à notre relation. Après dix années de bonheur, la relation s'est détériorée. Peu à peu, un fossé s'était creusé entre nous. Notre complicité s'était effritée et nous ne marchions plus dans la même direction. Nos routes divergeaient...

Parce que je dépendais financièrement de lui, Nicolas croyait que cela lui octroyait le droit de me contrôler. Mes voyages et mes congrès ne lui plaisaient guère. Il désapprouvait que j'aille en France pendant un mois sans lui. En dépit de son opposition, je m'y étais rendue; je prenais de plus en plus de décisions en fonction de la carrière que j'allais amorcer et qui me procurerait une sécurité. Mes études m'apportaient une grande confiance en mes capacités; je m'affirmais davantage, et je devenais de plus en plus indépendante.

Nos accomplissements et nos réussites reposent sur notre confiance en soi. Lors d'une discussion sur les programmes d'études et leurs débouchés possibles, Chloé me fit la remarque suivante : « Qu'importe le métier que je vais faire plus tard, je vais réussir. » Sa détermination et sa confiance en l'avenir étaient limpides. Elles la guident maintenant dans ses démarches. Elle croit en ses capacités et en sa réussite et elle agit de manière à ce que ses objectifs se concrétisent. Elle s'implique intensément dans ses études.

Les parents jouent un rôle crucial dans le développement de la confiance en soi de leurs enfants par l'amour inconditionnel et les encouragements de toutes sortes qu'ils leur témoignent. Les félicitations qu'ils leur adressent à propos de leurs réalisations, quelles qu'elles soient, constituent de véritables tremplins pour leur personnalité.

MODÈLES DE RÉFÉRENCE

Certaines personnes peuvent nous servir de modèle et nous influencer dans notre propre cheminement. Ainsi, pendant cette longue période de transition et de formation, je me suis inspirée de plusieurs personnes que j'ai croisées sur ma route. J'ai eu, entre autres, la chance de compter sur des superviseures exceptionnelles durant mes stages cliniques à l'université et dans le milieu hospitalier. L'une d'elles, Marianne, est une chercheuse chevronnée en neuropsychologie. Au moment où j'ai effectué mon stage avec elle, elle finalisait la réédition d'un excellent ouvrage de neuropsychologie tout en occupant un poste de neuropsychologue dans un hôpital. Je lui voue une admiration sans bornes, non seulement au niveau professionnel, mais en tant qu'être humain. Elle m'a inspirée sans nécessairement en être consciente.

J'ai eu le privilège d'avoir une autre superviseure de stage, Laure, une femme tout aussi extraordinaire. Son expertise et son professionnalisme s'illustraient par la qualité et la rigueur de son travail. Elle travaillait à temps partiel dans deux hôpitaux différents et elle pratiquait aussi en bureau privé. Ces deux femmes ont beaucoup de mérite à mes yeux et m'ont permis de maintenir la flamme de la persévérance.

Le même phénomène s'est produit lorsque je jonglais avec l'idée d'écrire ce livre. Un ami écrivain m'a influencée : le connaître et échanger avec lui sur divers sujets m'a permis de le percevoir comme un être humain et non comme un personnage mythique. Cela a contribué à démystifier le monde littéraire et à en concevoir l'accessibilité. Il m'a sérieusement encouragée à m'y mettre lorsque je lui ai fait part de mon intention. Il m'a même déclaré : « Tu as beaucoup d'histoires à raconter. » Il fait partie des gens qui m'ont inspirée dans ma carrière et dans ma vie personnelle. Plusieurs personnes qui gravitent dans notre environnement immédiat peuvent nous influencer positivement dans notre parcours de vie. Cela survient souvent subtilement, sans que nous ayons à demander quoi que ce soit.

Par ailleurs, certaines personnalités peuvent aussi représenter des modèles d'inspiration pour nous, sans que nous ayons à les connaître personnellement. À mon avis, Hillary Clinton, devenue une sommité en politique, symbolise la réussite féminine. Le rôle de Première Dame des États-Unis lui convenait parfaitement. En décidant de se présenter comme candidate à la présidence, elle s'est placée à l'avant-scène et sa nouvelle carrière politique a connu un élan impressionnant. Elle a sans doute bénéficié de l'expérience du modèle inspirant que représentait son époux, Bill Clinton. Cette femme remarquable connaît un succès retentissant à titre de secrétaire d'État des États-Unis et elle est considérée comme l'une des femmes les plus puissantes au monde.

Plus près de nous, on compte une multitude de femmes célèbres inspirantes, telles que Céline Dion, Fabienne Larouche ou Julie Snyder, auxquelles nous pouvons nous référer comme modèles de réussite. Ces célébrités, à l'instar des gens de notre entourage, peuvent nous insuffler un élan de courage dans la poursuite de nos idéaux ou nous ouvrir des horizons nouveaux. Les personnes que nous jugeons exceptionnelles nous renvoient le message que tout est possible, indépendamment du genre. En contrepartie, il faut prendre garde toutefois de ne pas tomber dans le piège de chercher à se réaliser à travers une autre personne, que ce soit notre conjoint ou nos enfants, renonçant, de ce fait, à nos propres aspirations. Les gens qui nous attirent vont souvent nous permettre d'accéder à un univers qui revêt une importance symbolique pour nous.

CHAPITRE V

Carrière et réussite professionnelle

————————⬤————————

NOUVELLE CARRIÈRE ET AUTONOMIE

Il n'y a pas d'âge pour effectuer un changement de carrière et un retour aux études. J'ai repris le chemin des études à l'âge de vingt-huit ans. Mon amie Laure a entrepris de devenir neuropsychologue après une première carrière d'infirmière. Elle a entrepris ses études universitaires à trente-deux ans et a terminé son doctorat huit années plus tard. Durant ces années, elle a dû déployer tout son courage; elle était mariée et mère de quatre filles qui poursuivaient des études, elles aussi. Il lui a fallu faire preuve d'une grande discipline. Le soir venu, tout le monde se mettait aux devoirs, elle incluse. Cette femme n'a pas hésité à se réorienter, malgré ses contraintes familiales. Son parcours exemplaire témoigne que tout est possible quand nous le désirons vraiment et que nous sommes déterminés à y parvenir.

Un psychologue que j'ai croisé l'an dernier au congrès de l'Ordre des psychologues du Québec a eu, lui aussi, un parcours très particulier. Après avoir été pilote d'avion pendant plusieurs années, il a décidé de retourner aux études et s'est inscrit au baccalauréat en psychologie à quarante-cinq ans; il a ensuite complété une maîtrise. Il se dit très heureux de ce revirement de carrière tardif. Ce cas illustre bien qu'il ne faut pas nous mettre des barrières à cause de l'âge lorsque nous décidons de nous réorienter professionnellement. Nous avons le privilège de vivre dans une société qui nous offre une panoplie de moyens pour faciliter de telles réorientations.

Nous pouvons tous avoir accès aux études universitaires dans notre système d'éducation. Néanmoins, il n'est pas toujours nécessaire de poursuivre de longues études universitaires pour changer de carrière. Les études ne conviennent pas à tout le monde. Il importe toutefois d'identifier le métier souhaité. Une amie, Catherine, qui avait travaillé dans les bars durant la vingtaine, a voulu devenir esthéticienne à l'âge de trente ans. Un an et demi d'études à temps complet lui a suffi pour apprendre les rudiments de ce métier. Avec deux jeunes enfants à sa charge, elle a fait preuve de courage et de détermination. Puis, elle a démarré sa propre entreprise et pratique maintenant un métier qu'elle aime. Si le métier envisagé requiert quelques années d'études, il ne faut pas hésiter à foncer. Considérant les nombreuses heures passées au travail dans une vie, il importe d'exercer un métier qui nous passionne et qui nous permet de nous épanouir.

La pratique d'un métier qui correspond à nos intérêts et nos idéaux contribuera largement à notre bonheur et entraînera, par le fait même, des répercussions positives sur les gens qui nous entourent. C'est le cas de ma professeure de yoga : elle semble si heureuse d'exercer son métier que nous le ressentons en sa présence. Elle se montre conviviale, chaleureuse et toujours de bonne humeur avec ses élèves. Elle nous fait bénéficier de son bien-être par le biais de ses enseignements.

À l'inverse, qui n'a pas déjà été servi dans un établissement quelconque par un employé malheureux de faire son travail ? Nous le ressentons d'emblée. Il existe diverses raisons qui peuvent empêcher une personne de changer d'emploi, comme la crainte de perdre une stabilité financière, une sécurité d'emploi, des avantages sociaux et un fonds de pension. Toutefois, il faut se demander à quel point nous tenons à ces avantages au détriment de notre qualité de vie et nous questionner sur l'impact que cela peut occasionner sur notre bien-être. Le fait de suivre des cours et/ou de réduire à un temps partiel notre poste actuel peut représenter une transition graduelle vers une nouvelle carrière. Lorsque c'est possible, une année sabbatique peut s'avérer propice à l'exploration de nouvelles avenues.

Si nous voulons y trouver plaisir et accomplissement, nos choix de carrière et de vie doivent correspondre à qui nous sommes réellement et respecter notre tempérament, nos goûts, nos intérêts et nos aspirations. Estelle, une amie d'enfance, avait fait un mauvais choix de carrière dans sa jeunesse. À l'âge de dix-huit ans, elle s'était enrôlée dans l'armée. Quinze années plus tard, elle s'apercevait que le travail militaire ne convenait pas du tout à son tempérament rebelle. Toute autorité la rebutait. Dès son entrée dans l'armée, elle avait eu des conflits avec ses supérieurs et les altercations avec eux n'avaient jamais cessé. Ce métier ne lui permettait pas non plus d'exprimer sa féminité. Elle était très malheureuse. Elle a donc entrepris une formation en coiffure. Douze mois plus tard, diplôme en main, elle a ouvert son propre salon de coiffure. Depuis, elle rayonne dans sa nouvelle carrière. Son besoin d'autonomie est comblé et elle s'est épanouie au niveau professionnel.

Un jour, un membre de la famille de Nicolas m'a lancé: «Sylvia, tu ne sais pas où tu es rendue dans la vie.» Cette femme faisait allusion au fait que je vivais avec un homme riche, chef d'une entreprise prospère et que j'étais encore *sur les bancs d'école*, selon son expression. À ses yeux, je représentais la conjointe d'un homme avec une position sociale enviable. Pour elle, j'étais *la femme de*. En fait, je prenais pleinement conscience de ma situation; j'étais une étudiante, sans travail, financièrement dépendante de mon conjoint.

En dépit du fait que je vivais dans la richesse, notamment dans une demeure luxueuse, je ne possédais rien. En réalité, cette propriété ne m'appartenait pas. Je n'ai vu aucun compte d'électricité ou de téléphone durant les dix années où j'ai vécu dans cette maison. Une vie de millionnaire pour le moins précaire! Je risquais de tout perdre du jour au lendemain. J'en étais consciente et mon avenir m'inquiétait au plus haut point. Je vivais la vie des gens riches et célèbres, alors que la pauvreté me guettait chaque instant. Si je me séparais de Nicolas, je partirais les mains vides. Il ne voulait pas se remarier. Évidemment, le mariage m'aurait apporté une sécurité financière et j'aurais approché ma carrière autrement. En vérité, j'aurais sans doute été moins ambitieuse.

Un soir de Saint-Valentin, ce que je craignais le plus est arrivé; une dispute a éclaté entre Nicolas et moi. Le fait que je gagnais en confiance et en indépendance lui déplaisait. Mes études prenaient de plus en plus d'importance au détriment de notre relation, affectant la dynamique de notre couple. Il ne supportait pas que je sois moins disponible pour voyager avec lui et que j'assiste à des congrès sans lui. À partir de cette soirée, la séparation est devenue imminente. Les arrangements financiers ont été vite conclus entre nous. J'ai consulté une avocate qui m'a informée que je n'avais pratiquement aucune chance de l'emporter si j'entamais des procédures judiciaires. Je risquais de perdre le peu d'argent dont je disposais en frais d'avocat et en énergie stérile.

Nous n'étions pas mariés et l'union de fait n'était pas reconnue au Québec, contrairement aux autres provinces du Canada où elle le devenait après cinq ans de vie commune. Il y a d'ailleurs eu une cause célèbre au Québec récemment où une femme a réussi à faire reconnaître son union de fait avec un milliardaire avec lequel elle a vécu pendant dix ans. Cette cause, qui sera entendue en Cour suprême, risque d'avoir un impact sur l'encadrement juridique des conjoints de fait au Québec. Il s'agit là d'un problème de société.

Dorénavant, ma vie de princesse appartenait au passé. Je me retrouvais confrontée à la réalité de payer un loyer et des comptes tous les mois, comme le commun des mortels.

———

Je me sentais en situation d'urgence. Une voix intérieure me hurlait que le moment était venu de passer à l'action. Je devais trouver le moyen de subvenir à mes besoins et à ceux de ma fille, en mettant un terme à toute dépendance. J'ignorais alors à quel point cette situation allait m'inciter à me dépasser au plan professionnel. Je suis devenue plus forte et j'ai dû apprendre à me débrouiller par mes propres moyens.

À l'aube de ses quinze ans, Chloé vivait cette expérience difficilement. Nous venions de vivre dix années dans l'abondance avec femme de ménage et jardinier, rien de moins. Au plan financier, j'ai vécu ma séparation comme une faillite personnelle. Je ne me retrouvais pas dans la rue, loin de là, mais je perdais d'un seul coup tout le luxe qui agrémentait ma vie : la maison de rêve, les voyages dans les meilleurs hôtels, le condominium et le bateau à Miami, la voiture de l'année et les grands restaurants à volonté. Je pressentais cependant que je récupérerais tout cela un jour, mais j'ignorais quand.

Au moment de notre séparation, il me restait deux années et demie d'études à temps plein à compléter avant de pouvoir commencer à pratiquer comme neuropsychologue. Je m'inquiétais à propos de la manière dont j'allais subvenir à mes besoins durant cette période. L'avocate m'avait mentionné qu'un juge aurait pu ordonner à Nicolas de me verser une pension pour les années d'études qu'il me restait à faire. Néanmoins, j'avais décidé de ne pas m'engager dans des procédures judiciaires. J'ai plutôt choisi de prendre ma vie en main et de me débrouiller du mieux que je pouvais. J'ai acheté un modeste cottage en déposant le peu d'argent que je possédais comme mise de fonds.

J'ai dû déménager avant que ma maison ne soit prête. Mes parents m'ont accueillie, encore une fois, pendant quatre mois. Ils logeaient dans un appartement spacieux, mais qui ne comptait qu'une seule chambre. Pendant tout ce temps, Chloé et moi avons couché sur un matelas gonflable trônant au beau milieu de la cuisine. À coup sûr, il s'agissait de tout un retournement dans notre style de vie; de la vie de château au plancher de la cuisine. En revanche, j'étais bien entourée par ma famille. Mes parents me soutenaient dans cette épreuve.

J'éprouvais beaucoup d'inquiétudes financières. N'ayant jamais appris à planifier un budget, j'étais affolée à l'idée de manquer d'argent. Pour la première fois, je devais m'organiser seule, sans l'aide d'un homme. J'ai obtenu une bourse de vingt mille dollars par année, pour une durée de deux ans. Cette bourse m'a permis de subvenir à mes besoins et de poursuivre mes études. Je ne vivais pas grassement comparativement à mes années antérieures. Je subsistais, sachant que la situation serait temporaire. J'avais pris ma vie en main et je devenais autonome.

J'ai emménagé dans ma maison et j'ai converti le sous-sol en logement que j'ai loué à mon neveu, ce qui couvrait une grande partie de mon hypothèque. La valeur de ma propriété a augmenté considérablement en l'espace de deux ans. Je l'ai vendue en réalisant un profit, ce qui m'a permis de m'acheter une autre maison plus spacieuse et plus confortable. À mon grand étonnement, Patrick m'a aidée à dénicher cette bonne affaire.

Être autonome consiste à gérer et à orienter notre vie nous-mêmes, en étant libres d'agir selon notre bon jugement. En tenant compte de nos propres valeurs, cela ne nous empêche pas de faire appel aux conseils de gens en qui nous avons confiance. L'ultime décision concernant nos actes ou nos décisions nous revient entièrement et nous sommes responsables des conséquences qui en découleront. Lorsque nous avons besoin du soutien financier d'une autre personne, nous entretenons un lien de dépendance qui risque d'affecter notre relation. Celui qui pourvoit aux besoins de l'autre se trouve dans un rapport de force qui lui est favorable. C'est exactement ce qui s'est produit dans ma relation avec Nicolas. Il subvenait à mes besoins et, en retour, il s'attendait à contrôler ma vie. Lorsque j'ai commencé à devenir de plus en plus indépendante et à prendre mes propres décisions, les frictions se sont vite multipliées entre nous. L'entente initiale implicite à la base de notre couple se transformait d'une manière qui ne plaisait pas à Nicolas. Son pouvoir de décision sur ma vie déclinait au fur et à mesure que je m'émancipais.

Dans les rapports traditionnels de couple, la femme vaquait aux tâches ménagères et élevait les enfants, alors que l'homme travaillait à l'extérieur pour subvenir aux besoins financiers de la famille. Dans ce genre de relation, l'homme et la femme étaient dépendants l'un de l'autre. De nos jours, près de cinquante pour cent des couples se séparent après un certain temps. Partant de ce fait et sur la base de l'évolution sociale en général, la carrière est devenue aussi importante pour la femme que pour l'homme. Les femmes trouvent leur sécurité dans leur capacité à gagner leur vie et les hommes apprennent à participer à l'éducation des enfants, car les gardes partagées sont de plus en plus courantes. L'autonomie de l'un et de l'autre change les rapports dans le couple et les rend plus égalitaires. Elle peut même exercer une grande influence sur l'attraction entre deux êtres. L'époque où l'homme était ancré uniquement dans un rôle de pourvoyeur semble révolue.

En cas de séparation, les enfants s'adaptent générale-ment mieux que nous nous y attendions. À mon avis, il s'avère préférable pour les enfants d'avoir des parents sépa-rés qui sont heureux plutôt que de vivre dans une famille sans amour où les conflits n'ont de cesse. Nous sommes des modèles pour nos enfants et si nous les exposons à une vie de couple insatisfaisante avec des conflits permanents et des manques d'amour, ils risquent de répéter le même modèle plus tard. Souvent, nos enfants imitent nos con-duites, bonnes et mauvaises, et assimilent nos traits de per-sonnalité, positifs et négatifs.

INDULGENCE ENVERS SOI-MÊME

Nous pouvons devenir plus anxieux ou fragilisés au plan émotif en périodes de changements ou de grands boulever-sements, lors d'une séparation ou d'un décès, par exemple. Lorsque survient un malheur, certains vont recommencer à fumer, même après une période d'abstinence de plusieurs années. Il faut se montrer indulgent envers soi-même en période de régression. Il importe alors d'identifier nos pro-pres erreurs et tenter de ne pas les répéter. Pour être plus heureux dans le présent et le futur, nous devons essayer de comprendre les leçons du passé.

À la suite de ma séparation d'avec Nicolas, à l'aube des années 2000, j'ai traversé un épisode que je qualifie de rechute. Il ne s'agissait pas de mes problèmes de consommation de drogue ou de délinquance qui refaisaient surface, mais plutôt de mon attirance pour les hommes délinquants. Après plus de dix années de vie équilibrée, j'ai succombé à certaines incartades amoureuses.

J'ai notamment eu une aventure avec un homme réputé être le chef de la mafia italienne. Je l'avais rencontré dans un restaurant du centre-ville. Je passais près de sa table lorsque le propriétaire de l'endroit, que je connaissais, m'a accostée pour nous présenter. Pour le séduire, je n'ai eu qu'à lui murmurer qu'il était mon idole depuis toujours. Dix minutes plus tard, je me retrouvais assise à sa table, dégustant un grand cru en sa compagnie. J'étais subjuguée par cet homme très charismatique et puissant. Tout de sa personne concourait à sa prestance : sa haute stature, ses larges mains, sa voix rauque et ses tenues élégantes. C'est à peine si les gens ne lui faisaient pas la révérence quand il s'introduisait dans un restaurant ou dans un bar. À mon avis, il aurait pu interpréter son propre rôle dans un film de Francis Ford Coppola.

Même Patrick, qui en avait été informé, maudissait cette aventure. Je ne comprenais pas moi-même ce qui m'arrivait et je me sentais excessivement troublée par ma conduite. Il n'est pas étonnant que, dans ces circonstances, j'aie fait d'horribles cauchemars : mes songes étaient peuplés de gigantesques bêtes monstrueuses qui me pourchassaient. À l'évidence, mes vieux démons revenaient me hanter à nouveau, ce que mes rêves exprimaient avec une précision sans faille.

Heureusement, j'ai mis rapidement un terme à cette aventure. J'ai réalisé que je m'étais exposée à des dangers. Après quelques autres bévues sentimentales, j'ai entrepris une psychothérapie qui m'a permis d'appréhender ce penchant déviant. Je me suis investie dans un processus thérapeutique afin de bien cerner la problématique et de me libérer définitivement de cette attirance malsaine. À travers cette brève récidive, j'ai réalisé que ce monde, qui m'avait d'abord fascinée à l'adolescence, puis terrorisée pendant plusieurs années, ne m'appartenait plus. J'avais découvert un monde meilleur dans lequel je tenais à poursuivre mon destin. Ces expériences m'ont amenée à refermer à jamais certaines portes. Je me suis pardonné cet écart de conduite et j'ai repris ma route, sans fausse note cette fois.

Si nous traversons une phase de rechute, nous devons chercher à saisir ce que cela nous apporte dans notre cheminement personnel. Nous ne devons pas nous décourager, mais plutôt percevoir cela comme une occasion de reprendre notre processus de guérison au stade où nous l'avions laissé. Nous pouvons faire une erreur de parcours et poursuivre notre route sans nous culpabiliser pour autant. Il faut reconnaître nos accomplissements, bons ou mauvais, minuscules ou grandioses, et ne pas nous attarder aux écarts passagers.

Nous apprenons de nos erreurs. La vie nous réservera toujours des surprises. Il faut accepter ce fait. Il ne faut pas nous décourager si nos schémas ressurgissent. Il faut prendre le taureau par les cornes et attaquer les difficultés sans chercher à les fuir. Tout changement profond se manifeste généralement de manière progressive. Faire preuve d'indulgence envers nous-mêmes facilitera l'acceptation de nos imperfections et de nos erreurs. Tout comme il est important de pardonner aux autres, il faut apprendre à se pardonner à soi-même. C'est la meilleure voie vers l'affranchissement. Il s'avère inutile de regretter nos erreurs et nos expériences passées, aussi pénibles soient-elles. Elles nous ont façonnés et ont pu nous guider à devenir meilleurs, à ne pas juger, à nous montrer plus tolérants envers les autres. Si nous ne pouvons pas les effacer, qu'elles nous servent au moins à nous améliorer.

Si nos agissements nous laissent perplexes, il faut penser aux répercussions qu'ils peuvent amener sur le développement de nos enfants. Ils sont profondément influencés par nous. Tous nos comportements leur servent de modèles.

Avec le genre de vie que je menais dans la vingtaine, imaginez un instant l'influence néfaste que cela aurait pu exercer sur le développement de ma fille. Son modèle de référence aurait été une mère sans emploi stable, vivant en marge de la société. Chloé m'a d'ailleurs déjà souligné ceci: «La plus belle chose qui me soit arrivée dans ma vie est la séparation de mes parents.» Elle a compris que cela l'avait éloignée du milieu criminel et de la mauvaise influence qu'elle aurait subie. Donc, si le désordre règne dans notre vie, cela entraînera automatiquement des répercussions dans la vie de nos enfants.

Une amie a été témoin de situations où des parents racontaient leurs mauvais coups et fumaient de la marijuana en présence de leur enfant de dix ans. Si personne ne met en garde ces parents contre l'influence désastreuse que pareils comportements peuvent entraîner chez leur enfant, ce dernier grandira en croyant qu'ils sont acceptables. Cette amie me disait que, lorsqu'elle voit de telles choses, elle s'empresse d'expliquer à l'enfant en quoi le comportement de ses parents ne correspond pas aux normes sociales. Pour un enfant, entendre de tels propos déplacés de manière répétée et être témoin de la consommation de drogue dans son environnement familial risque fortement d'engendrer le même type de comportements problématiques chez lui à l'âge adulte.

L'éducation des enfants commence à la maison; les comportements des parents sont souvent plus significatifs que leurs paroles. Il s'avère parfois nécessaire d'éduquer les parents qui ne savent pas comment réagir devant certaines problématiques. Cependant, il devient plus facile de comprendre ces derniers lorsque nous connaissons toute leur histoire; il faut donc se garder d'un jugement hâtif en qualifiant d'inadéquates leurs attitudes envers leurs enfants.

Dès l'enfance, nos expériences façonnent notre vision du travail et notre perception de nous-mêmes comme futurs travailleurs. Un de mes amis a connu une très belle carrière dans le domaine des affaires à titre de président d'une importante compagnie. Toutefois, il m'a fait remarquer qu'il n'avait pas réalisé toutes ses ambitions professionnelles. Il aurait voulu être président d'une plus grande compagnie encore, ce à quoi j'ai répondu qu'il aurait dû être propriétaire de sa propre entreprise. Il m'a alors expliqué que sa perception du monde du travail avait été influencée par le travail de son père, qui était policier et non entrepreneur. Il déplorait le fait de ne pas avoir eu de modèle d'entrepreneuriat dans son environnement durant son enfance.

Cependant, bien des gens ont percé dans le domaine des affaires sans nécessairement avoir eu des parents entrepreneurs. En tant qu'individus, nous sommes des modèles pour nos enfants, tant au plan personnel qu'au plan professionnel.

Certains métiers, comme entrepreneurs, commerçants et professionnels, semblent se transmettre d'une génération à l'autre. Dans ma famille, nous comptons trois générations d'entrepreneurs : mes grands-parents, mes parents et moi-même avons tous possédé notre propre entreprise. Les parents qui sont dans les affaires ou des professionnels transmettent des attitudes, des attentes et un certain savoir à leurs enfants. Tout cela influence leur perception d'eux-mêmes et pose souvent les fondements de leur carrière future.

Lorsque j'avais quatorze ans, je travaillais au commerce de mon père durant les fins de semaine. En son absence, je prétendais être le patron, ce qui engendrait des frictions avec les autres employés. J'ai hérité de mes parents cette capacité de mener et de prendre en charge une entreprise. J'ai été élevée dans une famille d'entrepreneurs où personne n'a fait d'études universitaires. Un autre ami, dont le père était commerçant, a choisi de pratiquer le droit, ce qui lui laisse beaucoup de liberté. Tout comme pour son père, ne pas avoir de patron comptait énormément pour lui.

On observe le même phénomène dans les familles de professionnels : les enfants suivent souvent les traces de leurs parents. Lorsque les parents ont réalisé des études universitaires, les enfants évoluent naturellement dans un milieu où la scolarité est valorisée. Dans les familles de médecins, la pratique de la médecine se transmet souvent d'une génération à l'autre. Le modèle de parents dévoués aux malades, soulageant leurs souffrances et les guérissant, peut représenter une puissante source d'inspiration pour un jeune qui assimile tout ce qu'il voit. Hélas, ce même genre d'influence opère également dans les milieux défavorisés où les parents n'occupent pas d'emploi stable ou vivent de l'aide sociale. Élevés dans un tel environnement familial, les enfants ne seront souvent pas enclins à entreprendre une carrière professionnelle à l'âge adulte. Prendre conscience de cet état de fait peut nous sensibiliser à notre responsabilité par rapport à l'avenir de nos enfants. « Fais ce que je te dis et non pas ce que je fais » ne fonctionne pas avec les enfants.

Nous pouvons transformer une dynamique familiale par rapport à la vie professionnelle. Quoique j'aie grandi dans une famille où la scolarité n'était pas valorisée, j'ai fait des études universitaires et interrompu ce cycle. Mes parents n'ont pas mis les études en valeur, bien qu'ils aient été tous deux issus de familles où l'on accordait de l'importance à l'éducation; mon père avait atteint un niveau de douzième année d'études commerciales, ce qui était considérable pour l'époque. Ma mère avait complété ses études secondaires chez les religieuses. Ils n'ont cependant pas réussi à transmettre cette valeur à leur progéniture. Les enfants doivent commencer à être sensibilisés à l'importance des études en très bas âge. De plus, un encadrement bienveillant doit se poursuivre tout au long de leur parcours scolaire.

Nous influençons nos enfants positivement en agissant de manière responsable en leur présence. Le fait que je suis retournée aux études et que j'ai étudié pendant de nombreuses années a influencé Chloé favorablement. En grandissant auprès d'un modèle maternel qui jugeait très importantes les études universitaires, ma fille a intégré cette notion positive. Je l'ai élevée dans l'idéologie qu'elle devait faire des études à l'université. Je suis fière de dire : *Mission accomplie!* Chloé termine actuellement sa dernière année de baccalauréat dans une université parisienne, grâce à un programme d'échange d'étudiants, et elle prévoit poursuivre à la maîtrise. Elle fait la fierté de sa mère et de toute sa famille. Elle devient à son tour une source d'inspiration pour ses cousins dans la poursuite de leurs études.

INTÉGRATION SUR LE MARCHÉ DU TRAVAIL

En ce qui me concerne, après onze années d'étude à temps plein, je me sentais finalement prête à entrer sur le marché du travail. J'ai connu un départ tardif dans ma vie professionnelle. Ayant recommencé à étudier à l'âge de vingt-huit ans, il m'a fallu patienter onze ans avant d'avoir un véritable emploi. En janvier 2004, il devenait urgent que je commence à travailler puisqu'on ne pouvait plus m'accorder de bourse. Au cours de ma première année sur le marché du travail, j'ai travaillé à temps partiel comme neuropsychologue dans un hôpital où j'avais fait un stage durant mes études. J'intervenais auprès de patients victimes d'un traumatisme crânien cérébral. Je savourais l'authentique privilège de pouvoir enfin travailler comme clinicienne. Occuper un tel poste représentait un véritable privilège pour moi.

Dès les premières semaines, j'ai découvert la sensation intense de bien-être que peut procurer le sentiment d'aider les gens, de faire un travail valorisant et d'être utile à la communauté. La satisfaction profonde que je retirais de ma nouvelle profession est presque inconcevable. Mes efforts, concentrés sur de nombreuses années, avaient enfin abouti et voilà que le rêve entrevu depuis si longtemps devenait maintenant une réalité. Je devenais la docteure Chouinard, respectée pour ses qualités et son expertise. Je commençais à goûter la vie d'une autre façon. Je voyais avec les lunettes d'une personne intégrée socialement, d'une professionnelle qui accomplit un travail constructif.

Mon emploi de neuropsychologue dans une unité de traumatologie me passionnait. J'évaluais des gens qui avaient subi un traumatisme crânien cérébral (TCC) depuis quelques jours, voire quelques heures parfois. Ces traumatismes pouvaient survenir lors de divers types d'accident, dont certains assez inusités : agression, balle de golf sur la tête, chute d'un troisième étage. Triste de constater à quel point un trauma peut bouleverser une vie !

Mon travail consistait à déterminer si la personne présentait des séquelles au niveau cognitif, c'est-à-dire mémoire, attention et autres fonctions mentales. Quelques patients ne se montraient pas très coopératifs. C'était plutôt compréhensible, considérant leur état de santé. Certains d'entre eux se retrouvaient paralysés. Cet état les préoccupait davantage que de savoir s'ils présentaient toujours une bonne capacité de concentration ou de mémorisation. Leur haut niveau de détresse se manifestait parfois par de l'irritabilité ou de l'impatience.

Si je relevais des déficits, je devais en dresser le profil afin d'aider l'équipe multidisciplinaire avec laquelle je travaillais – neurologues, neuropsychologues, médecins, infirmières, ergothérapeutes et travailleurs sociaux – à déterminer le meilleur plan d'intervention. La dynamique de cette équipe m'a beaucoup plu; j'ai beaucoup appris en peu de temps. Je planifiais moi-même ma journée de travail qui s'échelonnait sur sept heures; je commençais à dix heures et je terminais à cinq heures, m'accordant une pause d'une demi-heure pour manger. Les deux autres neuropsychologues avec lesquels je travaillais organisaient leur horaire de manière sensiblement similaire. Notre chef de département, qui se trouvait dans un autre pavillon à proximité de l'hôpital, nous témoignait sa confiance en nous accordant beaucoup de liberté dans la gestion de notre travail.

Après ma première année de pratique comme neuropsychologue, j'ai accepté un mandat de un an, à temps partiel, en gériatrie. J'ai vraiment été heureuse de travailler auprès des aînés qui éprouvent un grand besoin d'être écoutés. Ils ont tellement d'histoires et d'anecdotes fascinantes à nous raconter. Autant je les aidais, autant ils m'enrichissaient de leur sagesse.

À mesure que nous avançons en âge, nos priorités changent et tendent à se rapprocher de valeurs humaines plus fondamentales. Les aînés se préoccupent davantage de leur santé. Ils veulent passer plus de bons moments avec leurs proches et leur famille. Ils reviennent à des valeurs profondes et perçoivent la vie comme un cadeau à chérir. En vieillissant, certaines maladies deviennent beaucoup plus fréquentes: l'hypertension artérielle, le diabète et les problèmes cardiaques, pour ne nommer que celles-là. Ces maladies s'avèrent étroitement liées au mode de vie de chacun.

J'ai appris énormément de mon travail avec les aînés. Cela m'a sensibilisée à l'importance de bien se nourrir, d'être actif et de faire de l'exercice. Depuis quelques années, je prends plaisir à mieux m'alimenter. Ce travail m'a également fait prendre conscience de la nécessité de bien préparer sa retraite.

Nos expériences de travail peuvent nous révéler des aspects de nous-mêmes ou certains intérêts qui nous étaient inconnus jusque-là. Nous ne les aurions jamais découverts sans ces expériences. Les stages et les formations permettent ces révélations, sans quoi elles demeureraient probablement dans l'ombre. Une souplesse de pensée et une ouverture d'esprit sont essentielles pour faciliter l'adaptation aux changements; je pense ici à l'intégration à de nouveaux contextes de travail ou à un nouveau poste, ainsi qu'aux bonnes relations à développer avec de nouveaux collègues. Au début de mes études en psychologie, je croyais que ma clientèle préférée, lorsque je pratiquerais comme clinicienne, serait les adultes d'âge moyen. À mon grand étonnement, j'ai découvert, à travers mes différents stages, que je n'avais pas de préférence; j'aimais tout autant accomplir mon travail auprès des enfants qu'auprès des aînés.

Dès ma première année de pratique, j'ai également commencé à faire de la consultation en bureau privé. Je faisais des évaluations neuropsychologiques dans un centre de psychologie spécialisé dans l'approche analytique. Ce centre comprend une équipe de psychologues experts spécialisés, entre autres, dans l'intervention auprès des jeunes en difficulté. Mon travail de neuropsychologue n'est pas seulement une profession qui me permet de gagner ma vie; c'est avant tout ma vocation. Elle donne un sens à ma vie; je m'y dévoue corps et âme. La consultation privée me permet une grande liberté, ce qui ne veut pas dire que je n'ai pas d'obligations. La pratique de la psychologie est régie par un code d'éthique rigoureux que je m'efforce de respecter intégralement. Que le code d'éthique en psychologie soit sévèrement réglementé s'avère pleinement justifié puisque nous intervenons auprès de gens souvent fragilisés, donc vulnérables au plan émotionnel. Ce code sert de rempart contre les possibles abus.

Pour faire de la consultation privée, je louais également un local deux jours par semaine, au cours desquels je condensais mes rendez-vous. Après un certain temps, ma clientèle s'est accrue et mon horaire est devenu surchargé. J'avais sollicité mon ami et superviseur qui me louait le bureau afin d'obtenir un meilleur prix pour la semaine complète. Il n'y a pas eu de négociation possible: mille dollars par mois pour un local de deux mètres et demi sur trois mètres et demi. Lorsque je lui ai mentionné que j'achèterais moi-même un immeuble s'il ne m'allouait pas de réduction, il m'a répondu à la blague: «Tu n'as pas le temps de t'occuper de ça avec tout ton travail.» Il se méprenait. Deux mois plus tard, j'ai fait l'acquisition d'un condo commercial, voisin du sien. Je l'ai converti en centre de santé.

Je possède donc un petit centre de santé qui compte cinq locaux, incluant le mien. J'occupe un bureau avec une vue magnifique sur un parc agrémenté d'un étang. Le paysage saisissant s'y transforme au rythme des saisons. Pour travailler dans un environnement agréable, j'ai décoré le centre, et plus spécialement mon bureau, avec beaucoup d'attention. J'ai acheté de très beaux meubles classiques en acajou et j'ai peint les murs avec des teintes chatoyantes. Environ six intervenants du domaine de la santé, toutes des personnes merveilleuses, se partagent les locaux. Cependant, j'ai toujours continué de pratiquer à temps partiel dans un centre de psychologie à Montréal où j'ai fait mes débuts.

Contrairement à ce que les gens peuvent s'imaginer, œuvrer auprès de gens qui ont des difficultés ou des maladies mentales ne rend pas nécessairement triste ou déprimé. Le psychologue est soumis à une longue formation universitaire qui le prépare à ce travail. Une partie de la formation des intervenants en santé mentale est habituellement axée sur la gestion des émotions dans le contexte de leur travail. Toutefois, cela ne signifie pas pour autant que nous ne ressentons pas de sentiments à l'égard de nos patients. Nous pouvons éprouver de la compassion pour la souffrance que nous observons chez eux, sans toutefois en subir les contrecoups.

Parfois, je me sens quand même dépourvue de moyens pour aider mes patients. Il subsiste des mystères dans la vie que nous ne parvenons pas à percer. Toute maladie incurable en représente un pour moi. Effectivement, je ne comprends pas le malheur dont certaines personnes sont affligées. Je suis profondément touchée par les patients atteints de la maladie d'Alzheimer. Pourquoi certaines personnes sont-elles atteintes de cette maladie dévastatrice, alors que bien d'autres y échappent? Il existe plusieurs théories différentes afin d'interpréter ce phénomène et elles reflètent davantage nos croyances personnelles que nos connaissances scientifiques. Heureusement, les recherches progressent sur l'étiologie de certaines maladies mentales.

Mon amie et collègue Annie, qui entretient des croyances mystiques, soutient que la souffrance de certaines personnes permet à d'autres de leur apporter le soutien et l'amour dont elles ont besoin. Personnellement, le fait de voir tant de souffrance me fait douter parfois de l'existence de Dieu. Jusqu'à ce jour, les causes de plusieurs maladies mentales demeurent inconnues. Dans certains cas, la médecine classique exercée dans nos hôpitaux ne peut que stabiliser, apaiser ou faire disparaître temporairement les symptômes des malades.

DOUBLE CARRIÈRE

Même si je suis passionnée par mon métier de neuropsychologue, dans lequel j'ai mis tant d'efforts pour arriver à le pratiquer, j'ai embrassé une deuxième profession dans les mois qui ont suivi mon adhésion à l'Ordre des psychologues du Québec en janvier 2004. Je suis devenue entrepreneure en construction de maisons, un projet que je planifiais depuis longtemps. À mon avis, cela s'explique par le fait que j'ai connu une période d'insécurité financière manifeste à la suite de ma séparation d'avec Nicolas.

À mon grand étonnement, lorsque j'ai commencé à travailler comme neuropsychologue dans un centre hospitalier, je ne recevais pas le salaire auquel je m'attendais. J'étais déçue d'être si peu rémunérée après toutes ces années d'études. Le salaire des psychologues dans le secteur public n'est pas établi en fonction de leurs nombreuses années d'études universitaires. Ce salaire m'apparaissait insuffisant, du moins à long terme. J'ai donc décidé d'entreprendre parallèlement une carrière dans le domaine de la construction.

Occuper deux emplois distincts ou travailler à deux endroits différents devient un phénomène de plus en plus répandu de nos jours. On rapportait récemment à la radio qu'un jeune adulte, âgé aujourd'hui de vingt ans, aura exercé en moyenne plus de quatorze emplois différents lorsqu'il atteindra l'âge de trente-cinq ans. Pourquoi pas? Pourvu que ce soit par choix personnel, mieux vaut occuper plusieurs emplois qui nous stimulent pendant un certain temps que de faire le même travail monotone pendant toute une vie. Il semble que cette fluctuation dans le marché de l'emploi soit partiellement attribuable à des conditions sociales mouvantes.

La décision de changer d'emploi sciemment peut nécessiter une bonne dose de confiance en soi, voire du cran ou de l'audace. Il faut croire en ses capacités. La vie peut être brève, autant ne pas s'ennuyer ou perdre son temps dans un emploi insatisfaisant. Je ne préconise pas de quitter un travail sans planification préalable, car, dans ce cas, c'est le chômage qui risque de nous guetter. Un plan de carrière, avec toutes les étapes que cela comporte, peut nous fournir un atout précieux.

J'ai développé l'habitude de planifier longtemps d'avance la gestion de mon temps pour les années à venir. L'idée d'écrire ce livre a commencé à germer dans mon esprit il y a environ trois ans, mais je voulais attendre d'avoir complété mon doctorat avant d'entreprendre ce projet; il faisait donc partie de mon programme. Si mener deux carrières de front requiert une grande capacité d'organisation et de planification, c'est par ailleurs très stimulant, tout en laissant peu de place à la monotonie. Par contre, cela s'avère doublement exigeant, puisque nous devons nous tenir à jour dans les deux domaines. Par exemple, en psychologie, nous devons parfaire nos connaissances en nous inscrivant annuellement à de la formation continue.

À quarante ans, j'ai donc amorcé parallèlement deux activités professionnelles fondamentalement différentes. Le choix de ma deuxième carrière reposait d'abord sur des motivations financières. Lorsque les gens apprennent que je suis psychologue et entrepreneure en construction, ils me demandent invariablement comment j'en suis arrivée là. Telle une illumination, l'idée de travailler dans le domaine de la construction m'est venue lors d'un entretien avec un ouvrier qui effectuait de légers travaux de rénovation dans ma maison. Connaissant mon cheminement académique, il m'a souligné : «Sylvia, avec ta facilité à faire des études, tu réussirais aisément les examens de la Régie du bâtiment du Québec.» À la même période, j'avais fait la connaissance d'un homme qui développait des projets de construction résidentielle d'envergure. S'il parvenait à réaliser de tels projets, j'en serais sûrement capable, moi aussi! Voilà ce qui m'a inspirée à fonder ma propre entreprise dans la construction de maisons neuves.

Le concept se profilait et allait cheminer dans les mois et les années qui allaient suivre. Je cherchais un moyen de gagner suffisamment d'argent pour être indépendante financièrement et j'en avais trouvé un. Il ne me restait plus qu'à consacrer temps et effort pour y parvenir. Tout compte fait, au fond de moi, j'ai toujours voulu être entrepreneure et je le suis devenue.

J'ai d'abord entrepris les démarches en vue de l'obtention de ma licence d'entrepreneur général en construction à la Régie du bâtiment du Québec (RBQ). Trois examens sont obligatoires pour acquérir cette licence : un en gestion administrative, un sur la gestion de la sécurité sur les chantiers de construction et un autre sur la gestion des travaux de construction. Je ne possédais aucune connaissance dans le domaine. J'ai donc suivi des cours du soir pendant trois mois pour m'initier aux rudiments de l'administration et en connaître davantage sur les lois, en particulier sur la CSST. De plus, j'ai passé plusieurs fins de semaine à dévorer des bouquins sur les principes techniques de la construction. Je dressais des résumés de chaque chapitre que j'étudiais dès que je disposais d'un moment libre. Je devais maîtriser toutes les étapes de la construction d'une maison de A à Z, de l'arpentage du terrain à la pose du bardeau sur la toiture.

Mes cours avaient lieu deux soirs par semaine, de six heures à onze heures. Le jour, je travaillais comme neuropsychologue dans un hôpital ou en bureau privé, et j'étudiais encore pour compléter mon doctorat. Je me trouvais dans la phase expérimentale de ma thèse, ce qui signifie que je devais évaluer des patients dans le cadre de mon projet de recherche. Mon horaire se voulait forcément très chargé. Il me restait peu de temps pour les distractions et les loisirs, et encore moins pour un homme.

Après trois mois de cours et de lectures assidues sur les principes de la construction, j'ai passé une semaine entière à la Régie du bâtiment à compléter des examens avec lecture de plans. Au début de la semaine, je n'étais pas très familière avec les plans, mais après quelques jours j'en connaissais un peu plus. À ma grande surprise, mais avec beaucoup de fierté, j'ai obtenu ma licence d'entrepreneure générale pour toutes les catégories de construction d'immeubles résidentiels et commerciaux de moins et de plus de cinq étages, ainsi que pour la rénovation. Cette licence me permet de construire un immeuble de vingt étages ou un centre commercial. J'avais créé ma compagnie en même temps que je prenais mes cours, car il s'agissait d'un préalable pour l'obtention de ma licence RBQ. J'ai aussi été accréditée par une association pour un plan de garantie, ce qui s'avère obligatoire pour l'obtention de la licence de construction de maisons neuves.

Durant cette période, j'ai eu à affronter mes parents qui désapprouvaient cette nouvelle orientation, alors que je venais à peine d'obtenir mon diplôme de psychologue. Le désaccord de mon père était tel qu'il m'était interdit d'aborder le sujet lors de nos réunions familiales. Ma nouvelle carrière avait été reléguée au rang des sujets tabous. J'avais du mal à comprendre cette attitude, puisque mes parents m'avaient toujours encouragée dans mes études universitaires. Surtout que mon père avait lui-même exercé deux emplois parallèlement dans des domaines complètement distincts pendant plusieurs années. Je ne faisais donc rien d'exceptionnel, à part répéter un comportement observé durant l'enfance. Quoi qu'il en soit, rien ne pouvait m'arrêter dorénavant, pas même les réticences de mon père.

La réalisation de tous ces travaux et de ces études simultanément nécessita une grande discipline de ma part. Quand je réfère à l'importance de la détermination et de la constance dans la réussite, cette période de ma vie en constitue un excellent exemple. Ma ténacité et ma persévérance ont largement contribué à ma réussite. À mon avis, ce ne sont pas les pensées magiques qui mènent au succès, mais plutôt les actions concrètes.

Stella, une amie qui est courtier immobilier, travaille très fort depuis quelques années. Elle fait preuve de détermination et de persévérance. Elle a étudié pendant une année pour obtenir sa licence de courtier immobilier agréé en vue d'ouvrir son propre bureau. Elle est venue en vacances chez moi à Miami et j'ai été très étonnée de la voir étudier à la plage : un examen l'attendait à son retour à Montréal. C'est une femme très courageuse et audacieuse. Elle se classe parmi les dix meilleurs courtiers au Québec. Son leitmotiv consiste à *travailler fort, s'amuser beaucoup*. Voilà, en peu de mots, la clé de sa réussite !

Prendre des initiatives requiert de l'énergie et du courage, mais cela semble la seule façon d'aller de l'avant. En ce qui concerne le travail, nous pouvons nous retrouver dans une position où nous n'avons pas d'autre alternative que de passer à l'action. Quand j'ai voulu devenir entrepreneure, je n'avais pas le choix, je devais d'abord obtenir ma licence RBQ et je n'ai laissé personne me détourner de mes aspirations profondes.

L'opinion d'une personne en qui nous avons pleinement confiance peut nous être d'un grand secours concernant les décisions importantes. Toutefois, il apparaît préférable de nous fier avant tout à notre propre intuition dans le processus de prise de décision, car elle demeure notre meilleure conseillère. L'intuition représente un mode de connaissance qui ne fait pas appel à la raison consciente. Nous éprouvons parfois la sensation qu'un événement va se produire ou que telle action est pertinente, sans savoir exactement pourquoi ou sans être en mesure de l'expliquer. Claude Darche, dans son livre *Développer son intuition*, nous propose divers exercices à ce sujet.

Nous avons tout avantage à nous montrer à l'écoute de nos sentiments et de nos émotions, à suivre la voix intérieure qui nous guide. Ne pas s'y fier entraîne fréquemment des conséquences fâcheuses. Si je m'étais écoutée lorsque j'ai fait la connaissance de Patrick, je ne l'aurais pas revu et ma vie aurait sans doute été tout autre. J'aurais probablement évité les longs détours difficiles par lesquels je suis passée. Par contre, je n'aurais pas connu le bonheur d'avoir une fille si merveilleuse. Lors de cette rencontre, je n'ai suivi ni mon instinct ni mon intuition.

Notre destinée nous appartient entièrement et nous sommes libres d'en disposer comme bon nous semble. Les autres personnes peuvent nous conseiller. Cependant, elles n'ont pas à nous imposer leurs convictions. Lorsque nous avons besoin de conseils en affaires, le mentorat peut se révéler une excellente option. Le mentor, qui apporte un avis extérieur, possède une expertise susceptible de nous

guider quand nous devons prendre des décisions importantes dans notre carrière ou dans notre entreprise.

Une fois que j'ai obtenu ma licence d'entrepreneure
générale en construction, il fallait que je développe ma compagnie pour qu'elle devienne rentable. Évidemment, je ne
disposais pas du capital nécessaire pour démarrer une
entreprise et je me suis heurtée à l'habituelle réticence des
institutions financières à émettre des prêts aux nouvelles
entreprises. Il ne me restait qu'une seule option pour me
procurer l'argent dont j'avais besoin, celle d'hypothéquer
ma maison. Nous étions en 2004 et, en raison d'une croissance fulgurante du marché immobilier, ma maison avait
acquis beaucoup de valeur en l'espace de quelques années.
La banque a donc autorisé une augmentation de mon prêt
hypothécaire de cent mille dollars. Une situation financière
qui me causait des sueurs froides, car si mes affaires tour-
naient mal, je risquais de tout perdre.

J'ai amorcé mon parcours d'entrepreneure en construi-
sant une maison pour la revente, ce qui m'a causé bien des
soucis. La construction s'est bien déroulée, bien que ma
marge de profit se soit révélée plutôt mince. J'avais acheté
un terrain en pente, ce qui a nécessité la construction d'un
muret de soutènement; du coup, la moitié de mon profit
s'est envolée. En passant une semaine à superviser les travaux de ce muret, j'ai appris les rudiments du métier ainsi
que ma première leçon: éviter les terrains en pente. Au
cours des dernières années, j'ai passé beaucoup de temps
sur mes chantiers pour me familiariser avec les principes de
la construction que j'avais appris dans les livres.

J'avoue avoir dérogé au code vestimentaire de la construction pour demeurer fidèle à l'image que je me faisais d'une femme d'affaires. Je n'ai pas troqué mes talons hauts et mon chapeau Hugo Boss pour des bottes de travail et un casque de sécurité, quoique je garde toujours une paire de bottes de pluie dans le coffre de ma voiture en cas de boue sur le chantier. Impensable de voir mes bottes Gucci recouvertes de boue!

Après la construction de ma première maison, j'ai acheté un lot de quatre terrains d'un riche homme d'affaires. J'ai dû faire des *acrobaties* pour réussir à acquérir ces lots. En fait, je ne disposais pas des fonds suffisants pour les payer en totalité. J'ai donc trouvé un acheteur à qui j'allais vendre deux de ces lots. La journée même où j'achetais mes quatre lots, j'en revendais deux. C'est ainsi que j'apprenais des trucs pour faire de l'argent sans détenir nécessairement beaucoup de capital. Anthony, un agent immobilier qui était impliqué dans la transaction, est bientôt devenu mon associé. Nous avions rencontré le propriétaire des terrains à plusieurs reprises avant de finaliser la vente et c'est de cette façon que nous avons fait plus ample connaissance.

L'homme d'affaires qui m'avait vendu les quatre lots possédait vingt-quatre autres lots que je convoitais, tel un vautour visant sa proie. Cette fois encore, je ne disposais pas des fonds suffisants. J'ai donc conclu une entente avec Anthony pour que nous les achetions ensemble. Malgré cela, cette transaction n'a pas été une mince affaire. Où aller chercher les deux cent mille dollars pour verser en acompte lors de la signature de l'acte de vente? Le solde devait être financé par le vendeur en balance de vente pour un an.

Nous possédions seulement une partie de l'argent. Afin d'obtenir une certaine somme, j'ai emprunté d'un prêteur privé en deuxième hypothèque sur ma maison. Nous avons réussi également à obtenir un acompte d'un entrepreneur pour certains lots que nous allions lui vendre après notre achat. Finalement, nous avons pu clore la transaction, la toute première de notre nouveau partenariat.

Notre association relevait en quelque sorte d'un concours de circonstances, mais le hasard fait bien les choses. J'ai beaucoup appris d'Anthony, même si ça n'a pas toujours été facile. Nos rapports devenaient parfois houleux et plus d'une fois le ton a monté d'un cran entre nous. Un incident à ce propos m'avait bien fait sourire : alors que nous attendions dans la salle d'attente chez le comptable, la réceptionniste m'avait appelée par le nom de famille d'Anthony. Elle s'est ensuite excusée, expliquant qu'elle avait cru que nous formions un couple en raison du ton sur lequel nous nous entretenions. À coup sûr, nous formions un drôle de tandem ; nos forces respectives contribuaient à solidifier notre entreprise.

J'ai développé, avec le temps, une attitude plus affirmative avec les hommes lorsque j'entre dans mon rôle d'entrepreneure en construction. Mon timbre de voix change ; il monte de quelques décibels. J'ai réalisé que je m'étais ajustée à cet univers d'hommes en développant inconsciemment cette attitude de défense. J'essaie de demeurer courtoise, mais je ne m'en laisse pas imposer.

Je me souviens d'un jeune boxeur professionnel qui voulait m'acheter un terrain, en vue de se construire une maison. Il s'y est pris de toutes les manières pour essayer de négocier. Rien à faire, je n'ai pas baissé mon prix d'un centime. Lorsqu'il me parlait, je voyais dans ses yeux qu'il fulminait de rage. J'avais l'impression qu'il avait envie de me frapper et de me mettre K.-O. Je l'entendais penser à voix haute : «Comme elle est dure, cette femme.» Finalement, il l'a acheté à mon prix et à mes conditions, réalisant quand même une bonne affaire.

À mesure que mon entreprise prenait de l'expansion, mes parents devenaient plus indulgents quant à mon travail d'entrepreneure. Il ne m'était plus défendu d'en parler. Ils constataient ma réussite et semblaient reconnaître qu'ils s'étaient trompés. Selon toute vraisemblance, certaines expériences personnelles de mon père dans le passé avaient influencé son comportement avec moi. Un dimanche de juin, je l'ai prié de m'accompagner sur le chantier des vingt-quatre terrains que je possédais avec Anthony; nous y avions déjà érigé quelques maisons. Anthony s'y trouvait et nous avons discuté de notre projet avec mon père. Il avait besoin de voir mon chantier de ses propres yeux pour croire que sa fille pouvait réussir dans la construction.

Mon entreprise prospérait et je me réjouissais de devenir plus à l'aise financièrement. J'avais réussi à développer une entreprise qui me permettait de subvenir aisément à mes besoins et à ceux de ma fille. Mes inquiétudes financières s'estompaient graduellement. Je pouvais désormais combler Chloé, une véritable globe-trotter qui souhaite parcourir le monde entier. J'ai pu lui offrir de magnifiques voyages au cours des dernières années. Elle a passé deux mois à Hawaii avec des amis à l'été 2007, un groupe de douze amis d'enfance, tous étudiants universitaires; ils avaient loué une villa sur l'île de Maui durant leurs vacances estivales.

J'ai rejoint Chloé à Hawaii pendant dix jours. Nous avons passé sept jours sur l'île de Oahu et trois à Big Island. Nous séjournions dans des hôtels très luxueux. Il ne s'agissait pas de mon premier voyage de ce genre, mais la nouveauté résidait dans le fait que j'en défrayais moi-même les coûts. Je ressentais une grande fierté d'offrir ce voyage fantastique à ma fille : la plage, les boutiques et les repas savoureux dans d'excellents restaurants.

Lorsque nous allions à la plage, je pouvais observer Chloé faire du surf pendant des heures. Allongée sur sa planche, elle attendait patiemment la vague, pour finalement surfer quelques minutes. J'ai toujours aimé contempler ma fille lorsqu'elle pratique une activité sportive. Au cours de ce voyage, j'ai acheté ma première paire de chaussures de marque, mes fameuses bottes Gucci. Pour célébrer cette acquisition, la boutique nous a proposé un verre de champagne. Quelle gâterie! L'aisance reprenait de plus belle, mais cette fois, c'est moi qui tenais les rênes. Ma sécurité financière, c'est moi seule qui l'assumais dorénavant!

Mon association avec Anthony a duré plus de cinq ans. Nous avons réalisé de très bonnes affaires ensemble : nous avons acheté plusieurs terrains que nous avons revendus à d'autres entrepreneurs, mené à terme un projet de cinquante maisons de ville, malgré un contexte économique vacillant. Nous avons entrepris la vente de ces cottages à l'automne 2008, au moment où la crise économique faisait rage depuis peu aux États-Unis et que les économistes ignoraient l'impact qu'elle entraînerait au Canada. Par ailleurs, j'étais préoccupée par la conjoncture économique. Si le marché du Québec s'effondrait comme celui de nos voisins américains, j'allais sombrer et perdre tout ce que je possédais : maison, voiture, clinique, entreprise. Le proverbe *Qui ne risque rien n'a rien* s'avère des plus exacts. Un jeu de *quitte ou double* : à une croissance fulgurante correspond un risque d'échec élevé, surtout pour une nouvelle entreprise. Il n'existe pas de formule magique.

Tout mon capital était investi dans ce projet. Nous avions payé les terrains et nous construisions sans le financement des banques. Nous érigions parfois de quinze à vingt maisons en même temps. Heureusement, le marché immobilier ne fut pas très affecté par la crise économique dans le secteur où nous construisions. Notre seul problème était que les conditions exigées par les banques pour l'obtention du financement de nos clients devenaient de plus en plus difficiles à satisfaire. Une demande de prêt pouvait prendre plus de un mois avant d'être autorisée. Auparavant, tout était réglé en une semaine.

Nous avons complété la prévente de nos cinquante maisons de ville en moins de six mois. Il ne restait plus qu'à les bâtir et à les livrer. Nous avions pris un associé dans ce projet. En échange de la gestion du chantier, nous lui avons concédé un pourcentage des profits. Je m'occupais de l'aspect administratif de la compagnie, alors qu'Anthony était attitré aux ventes. Une année plus tard, jour pour jour, en septembre 2009, toutes les maisons étaient livrées et notariées. Après ce projet, Anthony et moi avons décidé d'un commun accord de mettre un terme à notre partenariat. Nos tempéraments respectifs trop ardents engendraient de plus en plus de discussions conflictuelles entre nous. Récemment, j'ai fait l'acquisition de terrains pour un autre projet où je construis des maisons de ville.

OBJECTIFS DE VIE

Le destin a fait en sorte que je n'avais pas de projets de construction en cours à l'automne 2009. Je travaillais davantage comme neuropsychologue et je venais de compléter mon doctorat. J'emploie délibérément le mot *destin*, car je suis persuadée que les grandes lignes de notre vie sont tracées d'avance. Néanmoins, nous possédons assurément la capacité de le changer si nous le désirons vraiment. Comme disait Jean-Paul Sartre à propos de Beaudelaire : « Le choix libre que l'homme se fait de lui-même s'identifie parfaitement avec sa destinée. » Nous ne contrôlons pas tous les facteurs qui influent sur notre environnement, mais nous détenons un certain pouvoir sur notre malheur ou notre bonheur. Le libre arbitre n'est donc pas absolu, puisque nous devons composer avec notre entourage. En novembre 2009, j'ai décidé de concrétiser un rêve que je chérissais depuis quelques années : la rédaction de ce livre. Pour ce faire, je devais me trouver un havre de paix propice à l'écriture. En même temps, je souhaitais m'éloigner des tourbillons qui jalonnaient ma vie depuis plusieurs années.

L'endroit de prédilection pour l'écriture de mon livre, c'est le bord de la mer à Miami où j'ai loué un condominium. Je réalisais du même coup un autre rêve, celui d'avoir un pied-à-terre en Floride. Dès le premier instant où j'ai pénétré dans l'appartement, j'ai été conquise et je savais que c'était dans cet endroit inspirant que je désirais écrire mon livre. La construction de cet immeuble de style contemporain avait été achevée en 2009. Les hauts plafonds de trois mètres et un mur entièrement vitré donnant sur la mer font de cet appartement un lieu céleste. Je mentionne d'ailleurs à mes proches que je me sens au paradis chaque fois que j'y retourne. Je suis envoûtée par le décor enchanteur de la mer en toile de fond. J'y ai découvert mon élément, la mer et sa douce musique.

Voilà que je matérialisais deux rêves auxquels j'aspirais depuis quelques années, mais que j'avais mis un peu de côté. Nos rêves et nos objectifs de vie sont propres à chacun de nous. Ce qui revêt de l'importance à nos yeux peut ne pas en avoir aux yeux de quelqu'un d'autre. Une femme que je côtoie dans le contexte de mon travail d'entrepreneure a mis en œuvre l'un de ses désirs en créant un très beau recueil de poésie et de photographies. Elle a laissé libre cours à sa créativité, et le résultat est impressionnant. Une amie étudiante, Judith, qui aime beaucoup voyager, a trouvé le moyen de vivre son rêve en allant chercher des fonds de recherche alloués annuellement pour des congrès aux quatre coins du monde. Comme elle le soutient si bien, lorsque nous désirons réellement quelque chose, nous trouvons les moyens financiers pour l'obtenir.

Les rêves se veulent infinis et fluctuants, puisqu'ils changent avec le temps. Après avoir atteint mes rêves de visiter la France et l'Italie, j'aspire à explorer d'autres pays, tels que le Brésil et l'Allemagne. J'ai rejoint Chloé en Italie en décembre 2010. Nous avons fait un voyage fantastique : Rome,

Florence et Venise. L'Italie représente l'épicurisme dans tous les sens du terme : les pâtes, le vin et le charme des Italiens. « Tu étais gai comme un Italien, quand il sait qu'il aura de l'amour et du vin », comme le chante Nicole Croisille. Je crois que la trame du roman *Mange, prie, aime* d'Elizabeth Gilbert aurait pu se dérouler entièrement en Italie.

Si votre rêve consiste à vivre dans une autre ville ou dans un autre pays, pourquoi ne pas le faire ? Nos ambitions expriment notre besoin de vivre certaines expériences, alors que nos rêves reflètent notre état général personnel et professionnel. Une de mes collègues, âgée de soixante ans, a décidé d'interrompre temporairement sa carrière de psychologue et de partir pour une année entière en mission. Elle et son conjoint résideront dans un pays en voie de développement et participeront à un programme d'aide humanitaire. Elle est très enthousiasmée à l'idée de vivre cette expérience. Dans son livre intitulé *Si j'osais*, l'auteure française Béatrice Thomas nous raconte comment elle a osé tout quitter – amis, famille, travail et pays – pour venir s'établir au Québec en permanence. Elle nous explique les différentes étapes associées à un tel changement d'existence.

La vie est mouvement. Les étapes que nous traversons se révèlent souvent en lien étroit avec notre âge. Tout au cours de notre vie, chacun de nous connaît de nombreux changements personnels et professionnels. À une relation amoureuse sérieuse et stable peut suivre une période de promiscuité sexuelle ou affective sans qu'il soit question d'amour ou de mariage. Le même phénomène prévaut au plan de la carrière. Nous pouvons occuper un emploi stable et en être pleinement satisfait, tout en ressentant éventuellement un besoin de changement.

Il a été démontré que le fait de tenir une liste de nos objectifs de vie concourt largement à leur réalisation. Personnellement, je dresse deux listes à chaque début d'année. La première comprend mes dix objectifs prioritaires pour l'année à venir, par exemple, compléter mon doctorat, vendre ma maison ou acheter des terrains. La deuxième concerne mes dix objectifs secondaires, qui ont souvent trait aux loisirs, mais qui conservent une importance à mes yeux, comme faire un voyage. Ce mode de fonctionnement s'avère très efficace.

Je réexamine mes deux listes d'objectifs quelques fois durant l'année pour en faire le bilan et m'assurer de ne pas trop m'éloigner de mes buts initiaux. Quand vient le temps de refaire ma liste, je procède à une rétrospective des objectifs de l'année précédente. Parfois, certains reviennent plusieurs années de suite, mais je finis toujours par les atteindre, même si l'échéancier est plus distancé. Par exemple, terminer mon doctorat m'a pris plus de temps que prévu; je l'ai maintenu en tête de liste pendant plusieurs années. C'est ce qui m'a aidée à ne pas décrocher lorsque j'ai commencé à travailler et que je me suis engagée dans deux directions professionnelles différentes.

Le bilan annuel permet de voir où nous en sommes par rapport à nos objectifs de vie et d'identifier nos progrès et nos accomplissements. Constater le chemin parcouru est encourageant et valorisant. Cela nous aide à déterminer de nouveaux objectifs. Personnellement, j'écris mes objectifs de vie dans mon agenda pour les avoir bien en vue durant toute l'année.

Quel que soit le domaine qu'ils couvrent, nos objectifs de vie doivent être réalistes sans pour autant exclure toute fantaisie. Il importe de croire que nous sommes capables de les accomplir. C'est ce qui déterminera bien souvent notre conduite. En reprenant mes études à vingt-huit ans, j'ai mentionné au conseiller en orientation que je souhaitais étudier en psychologie; il me l'a fortement déconseillé parce que, disait-il, les admissions en psychologie étaient trop contingentées. Je ne me suis pas découragée, j'ai foncé et j'ai poursuivi mon rêve. Si je l'avais écouté, je n'aurais jamais tenté ma chance. Au lieu de cela, j'ai mené à bien mon projet.

Tenir compte de nos habiletés et de nos ressources contribue à la réalisation de nos objectifs de vie. Les buts que nous nous fixons reflètent notre estime et notre confiance en nous-mêmes. Une animatrice de radio faisait la remarque suivante à ce propos : « Il est inutile d'avoir pour objectif de devenir millionnaire », en supposant sans doute que cela ne semblait pas réaliste. Je ne partage pas cet avis. Au contraire, pourquoi pas si c'est ce que nous souhaitons? Bien des gens y sont parvenus avant nous. Évidemment, il faudra travailler fort et peut-être prendre des risques pour y parvenir, mais ce n'est pas impossible.

Le mois de janvier 2004 a représenté un moment décisif dans ma vie. J'ai adopté plusieurs résolutions imbriquées les unes dans les autres. Tout en commençant à travailler comme neuropsychologue, j'ai démarré mon entreprise et j'ai ajouté à ma liste d'objectifs de vie celui de DEVENIR

MILLIONNAIRE. Paradoxalement, j'ai biffé le mot *millionnaire* qui figurait au haut de ma liste de critères dans la recherche d'un nouvel amoureux. Cela fonctionnait immanquablement : je rencontrais des hommes millionnaires, sans pour autant que cela fasse de moi une femme millionnaire. Je ne serais plus à la remorque des millions que possède un homme... JE serais millionnaire un jour par mes propres moyens ! Si j'avais connu du succès dans le premier cas, pourquoi n'en obtiendrais-je pas dans le second ?

Alors que j'achevais la rédaction de ce livre, j'ai fait part de mon projet à une amie que je n'avais pas contactée depuis longtemps. Sa réflexion spontanée, qui tombait à point nommé, m'a fait sourire : « Écris-tu un livre sur la manière de rencontrer un homme riche et célèbre ? » D'emblée, je lui ai répondu : « Nuance, j'écris un livre sur la façon de DEVENIR riche et célèbre. » Il faut croire que certaines de mes amies me considéraient comme une experte à dénicher des hommes riches. Effectivement, pendant plusieurs années, la première chose que je recherchais chez un homme, c'était la richesse... ce que j'aurais voulu posséder moi-même. Quand j'ai cessé de me définir à travers mes partenaires amoureux, j'ai pris ma vie en main comme jamais je ne l'aurais cru possible.

J'avais un objectif de taille que je ne m'attendais pas à atteindre rapidement. Je savais que j'allais devoir faire preuve de patience et travailler sans répit pour y parvenir. Cependant, dans mon for intérieur, j'étais convaincue de pouvoir y accéder dès l'instant où je l'ai mis sur papier, le premier de l'An 2004. Je ne savais ni quand ni comment, mais j'y arriverais. Mon insécurité financière, mon goût du luxe et celui de la réussite constituaient assurément de puissants motivateurs.

Il n'apparaît pas toujours aisé de se fixer des objectifs, car il faut tenir compte du moment présent et du futur à la fois. Nos priorités et nos objectifs de vie changent avec le temps : tantôt le travail ou les besoins financiers passent au premier plan, tantôt le besoin de trouver un partenaire amoureux ou de fonder une famille prend le relais. Mon objectif de devenir millionnaire s'est concrétisé après sept années d'effort et d'acharnement au travail. J'y suis parvenue, mais à quel prix! J'ai dû faire des choix. Ces derniers ont relégué ma vie affective au second plan. Mon peu de temps libre ne me permettait pas d'entretenir une relation amoureuse. Mes priorités étaient axées uniquement sur ma carrière et mon rôle de mère, bien entendu.

Si on se fixe comme objectif de devenir millionnaire, ce n'est pas en achetant des billets de loterie qu'on y parviendra. Les probabilités de remporter le gros lot s'avèrent quasi nulles, une chance sur quatorze millions. On qualifie souvent la loterie comme l'impôt des pauvres, puisque ce sont souvent les gens moins fortunés qui se procurent le plus de billets. Cela leur permet de rêver d'une vie meilleure... sans faire d'effort.

Rêver ne me suffisait pas. Je ne voulais pas lancer mon désir dans l'Univers et espérer qu'il se réalise un jour. Plutôt pragmatique, j'ai posé des actions concrètes pour l'atteindre. Il aurait été difficile pour moi de devenir millionnaire en travaillant uniquement comme neuropsychologue. J'ai donc développé une autre stratégie et j'ai travaillé sans compter. Comme je l'ai déjà mentionné, j'assistais à des cours du soir et j'étudiais les fins de semaine pour obtenir ma licence RBQ, en même temps que je travaillais comme neuropsychologue tout en terminant mon doctorat. Quand les gens me disent que je suis chanceuse, je leur réponds : « Il ne s'agit pas uniquement de chance, j'y ai consacré beaucoup d'efforts. » Il est probable que je sois née sous une bonne étoile, comme le soutient Chloé.

Nous devons être conscients de notre responsabilité, dans nos réussites comme dans nos échecs. Mon amie Brigitte a consulté une chiromancienne dans le but de connaître sa destinée en amour. Cette femme lui a affirmé qu'elle rencontrerait un homme à l'aise financièrement, ce qui allait transformer son existence. Brigitte croit fermement ces balivernes. En conséquence, elle attend patiemment chez elle l'homme qui va venir frapper à sa porte pour la délivrer de sa vie monotone. Attente vaine : le prince charmant ne descendra pas du ciel.

Nos expériences nous façonnent et influencent nos attentes. Mon ambition de devenir millionnaire tirait son origine de plusieurs sources : mon goût du luxe, mon insécurité financière et l'état de dépendance dans lequel j'avais vécu jusqu'à l'âge de trente-sept ans. Ces facteurs ont été déterminants. Assumer ma vie et subvenir à mes besoins et à ceux de ma fille étaient devenus des nécessités à ce point impératives qu'il me fallait désormais un million de dollars pour me rassurer. Je ne suis même pas certaine que cela puisse suffire à combler cette insécurité qui est toujours prête à refaire surface. Il y a des séquelles si profondes qu'elles ne disparaissent jamais entièrement, même si on réussit à les tempérer.

RELATIONS INTERPERSONNELLES ET D'AFFAIRES

Mon objectif de devenir millionnaire peut paraître outrancier et prétentieux aux yeux de certaines personnes. Bien que l'argent ne garantisse pas le bonheur, il permet d'améliorer notre qualité de vie. Dans une société de consommation comme la nôtre, tout a un prix : la maison, les voyages, les restaurants, les sorties au cinéma, même les sports. Au-delà de leur prestige et de la satisfaction que nous pouvons retirer d'en faire étalage, les objets de luxe offrent souvent plusieurs avantages. Par exemple, une automobile de marque prestigieuse sera supérieure en ce qui concerne la conduite, la tenue de route, le confort et la sécurité. Les vêtements, les bijoux, les souliers et les meubles, souvent de fabrication artisanale, donc de meilleure qualité, se conserveront généralement plus longtemps. Ceux qui soutiennent que l'argent est sans importance n'ont jamais dû en manquer pour se loger ou se nourrir. Les gens fortunés ne devraient jamais prétendre que la richesse ne compte pas; ils devraient plutôt préciser que cela ne présente pas un problème pour eux.

Avec l'objectif en tête de devenir millionnaire, j'avais donc choisi de démarrer une entreprise dans le domaine de la construction. Considérant l'envergure de mon objectif, il s'agissait d'un choix judicieux, selon mes calculs. On peut vraisemblablement supposer qu'il est possible de générer de bons profits en tant qu'entrepreneure. Seulement, voilà, je n'avais pas envisagé le fait que je plongeais dans un milieu de travail presque exclusivement masculin. Les hommes protègent leur territoire dans le milieu des affaires et encore davantage dans celui de la construction. Peu de femmes travaillent dans ce domaine, bien qu'elles commencent lentement à s'y intégrer. Au Québec, les femmes occupent moins de 1,2% des emplois dans l'industrie de la construction et leur taux d'abandon est deux fois plus élevé que chez les hommes.

Toutes les entreprises de sous-traitants avec lesquelles j'ai fait affaire dans mon dernier projet étaient dirigées par des hommes, à l'exception d'une compagnie d'entretien ménager qui appartenait à une femme. Mais cela va changer. Il s'est formé récemment un réseau de femmes œuvrant dans le domaine de la construction, qui organise des événements enrichissants dans le but de nous rassembler. Je m'aperçois que bien des femmes se battent pour trouver leur place dans le domaine de la construction. Ces rencontres nous permettent également d'échanger nos idées et nos coordonnées pour éventuellement travailler ensemble.

Parfois, j'ai droit à des questions qu'un homme ne se ferait pas nécessairement poser: «Votre compagnie était-elle une entreprise familiale initialement?» «D'où vient votre argent pour acheter ces terrains?» Dans ce genre de situation, je conserve mon sang-froid et je m'efforce de répondre sans laisser paraître la moindre émotion, parfois en détournant la question ou encore en faisant appel à l'humour.

L'égalité entre les femmes et les hommes demeure un objectif à atteindre dans notre société. Bien que les femmes soient nombreuses dans plusieurs secteurs, par exemple en sciences de la santé et dans les programmes d'études en médecine où elles comptent pour quatre-vingts pour cent des étudiants, elles demeurent encore minoritaires dans bien d'autres domaines. On compte peu de femmes en politique et aucune femme n'a encore dirigé le Québec. Les choses vont continuer d'évoluer; rappelons-nous qu'une femme est passée tout près d'être à la tête des États-Unis récemment.

Si plusieurs femmes ont acquis une solide réputation dans le domaine des affaires et administrent d'importantes entreprises, elles demeurent des exceptions et il s'avère encore difficile pour une femme de percer dans ce monde. Les postes de haute direction sont encore généralement réservés aux hommes. N'oublions pas que la parité salariale reste encore loin d'être atteinte. Les femmes gagnent en général soixante-dix pour cent de la rémunération d'un homme pour le même poste, malgré un niveau d'éducation équivalent. Le rattrapage se fait progressivement.

Bien que les femmes aient gagné du pouvoir, la misogynie tarde à disparaître. Certains hommes adoptent encore des attitudes machistes, éprouvant des difficultés à reconnaître la réussite féminine. Je remarque que ce sont plus souvent les hommes qui me demandent si mon père ou mon mari travaille dans la construction. Ressentent-ils le besoin d'être rassurés en pensant qu'un homme dirige mon entreprise avant d'accepter de faire affaire avec moi?

En 2008, je menais une négociation serrée pour l'achat d'un terrain qui me tenait à cœur. Les propriétaires, dans la soixantaine, étaient décidés à prendre leur retraite. Ils se montraient très aimables avec moi, mais les négociations traînaient en raison de leurs craintes. La première fois que nous nous sommes rencontrés, l'homme m'a demandé : « Votre père travaille-t-il dans la construction ? » Je lui ai laissé croire qu'effectivement mon père avait déjà travaillé dans la construction, ce qui n'était pas tout à fait faux. Il ne pouvait pas s'imaginer qu'une femme soit capable d'acheter son terrain de douze mille mètres carrés pour y développer un projet de condos.

Après six mois de négociations, au cours desquels j'ai dû assumer leurs frais d'avocats, nous avons finalement conclu la transaction. L'épouse m'avait baptisée *Mon ange*, car elle était vraiment heureuse de vendre son terrain, qui abritait toujours leur commerce. Il y avait eu énormément de neige à l'hiver 2008, ce qui leur avait causé bien des soucis.

L'achèvement de mon projet de maisons de ville annon-çait ma séparation d'avec mon associé Anthony. J'ai beau-coup appris de mes partenariats en affaires. D'abord, c'est le respect mutuel qui prime, d'où l'importance de bien con-naître la personne avec laquelle on choisit de s'associer. Les partenariats permettent de joindre nos forces et de com-penser nos faiblesses respectives ; c'est le principal ingré-dient d'une équipe gagnante. Anthony soutenait que mon intuition constitue l'une de mes forces en affaires. Quant à lui, il excellait dans la vente par sa force de persuasion.

Je suis convaincue que le fait de vivre des expériences traumatisantes ou difficiles contribue largement à dévelop-per notre intuition. Même s'il y a des situations dont nous aurions voulu être épargnés, nous ne pouvons pas les effa-cer, mais elles peuvent nous permettre de progresser.

Lorsque survient une relation conflictuelle avec un proche, rédiger une lettre à son intention peut permettre une diminution de la tension. Il s'agit d'écrire tout ce qui fait l'objet de notre ressentiment. Toutefois, il vaut mieux ne pas remettre cette lettre à la personne concernée, ce qui ne pourrait qu'envenimer la relation avec elle. Le simple fait de composer cette lettre peut s'avérer libérateur en soi et nous procurer un soulagement.

La fille d'une amie a fait parvenir à sa mère une lettre de bêtises dans laquelle elle critiquait la manière dont sa mère l'avait élevée et la blâmait de s'être remariée de façon précipitée après le décès de son mari, soit le père de la jeune fille. Cette lettre reflétait sa propre vision des événements et non la réalité. Heureusement, mon amie a imputé ce manque d'empathie et de sensibilité à la peine que ressentait sa fille. Les mauvais sentiments que nous ressentons envers une autre personne nous appartiennent; nous n'avons pas à les faire subir à l'autre. Notre fardeau nous incombe, les autres n'ont pas à le porter sur leurs épaules.

L'écriture, à l'instar de la psychothérapie, peut s'avérer un moyen efficace pour éclairer notre cheminement personnel, exprimer nos angoisses et appliquer un baume sur certaines blessures. Dans cette optique, elle peut suppléer à la parole. Définir nos états intérieurs peut contribuer à soulager nos souffrances et à clarifier nos questionnements existentiels. À l'inverse, l'écriture peut aussi faire ressurgir des émotions puissantes, possiblement négatives, telles que la peur ou la colère.

Durant la période où je travaillais assidûment à la rédaction de ce livre, je me sentais profondément bouleversée.

J'avais l'impression d'étouffer, prise dans un étau, entre la culpabilité par rapport à ma famille en lien avec mes révélations et l'envie de les crier au monde entier. Des émotions désagréables et des craintes, que j'avais ressenties dans le passé mais que j'avais refoulées depuis longtemps, sont également remontées à la surface. Je faisais beaucoup plus de cauchemars que d'habitude, je rêvais souvent qu'on tentait de me tuer, ce qui me perturbait passablement.

Une nuit de juillet, à Montréal, où je m'étais couchée tard après avoir travaillé jusqu'à minuit sur ce livre, j'ai soudainement été réveillée par des cris et des bruits dans la rue. Tout ce vacarme était inhabituel dans le quartier où je demeure. Il était cinq heures du matin et il faisait encore un peu sombre, mais de la fenêtre de ma chambre à l'étage, je percevais clairement la scène qui se déroulait dans la rue. Dans la lueur de l'aurore, quatre policiers en uniforme couraient derrière un jeune homme dans la vingtaine. Celui-ci se déplaçait plus rapidement qu'eux. Il s'est faufilé dans la cour arrière d'une maison à proximité de chez moi et les policiers ont perdu sa trace. Les sirènes de voitures de police sillonnant le quartier se sont fait entendre pendant près d'un quart d'heure. Les policiers semblaient chercher le fuyard dans toutes les directions.

Dix minutes plus tard, j'entendais à nouveau des voix et même des jappements de chien qui provenaient de la cour arrière. Des policiers, accompagnés d'un berger allemand tenu en laisse, ratissaient les cours à la recherche du suspect. Ils sautaient agilement les clôtures d'une cour à l'autre. Plus ils s'approchaient et plus le chien aboyait. Lorsqu'ils sont arrivés dans la cour du voisin, le chien les a guidés directement à l'avant de la maison où le jeune homme s'était terré sous le balcon. Les policiers l'ont encerclé et l'ont sommé de sortir de sa cachette. Le suspect s'est livré et ils ont procédé à son arrestation.

J'étais impressionnée par l'excellent travail accompli par ces policiers. Ils avaient fait preuve de détermination afin de capturer le malfaiteur. J'ai continué de les observer. Ils étaient maintenant huit policiers et il y avait quatre voitures qui bloquaient la rue. Pour la première fois de ma vie, je voyais des policiers effectuer leur travail et je compatissais avec eux. Je les écoutais échanger entre eux et j'étais touchée de les savoir si humains. Pourquoi avaient-ils arrêté cet homme?

J'étais soucieuse, mais j'ai quand même décidé de retourner au lit, car j'étais fatiguée et une journée de travail bien remplie m'attendait le jour même. J'ai dormi environ deux heures et je me suis réveillée en sursaut et en sueur. En lien avec mon propre passé et les événements qui s'étaient déroulés au petit matin, j'avais fait le cauchemar suivant:

Un enquêteur m'avisait que l'homme arrêté avait été engagé par mon ex-mari pour me supprimer. Le jeune homme avait tout avoué aux policiers. Il avait planifié de défoncer la porte avant de ma maison et de me tuer avec un revolver de calibre quarante-cinq. L'arme que le suspect prévoyait utiliser pour commettre son crime avait été retrouvée dans un bac à recyclage dans la cour du voisin.

Étrangement, je m'inquiétais encore plus lorsque je me suis réveillée qu'avant de me rendormir. J'étais confuse, je me demandais s'il s'agissait d'un rêve ou si un enquêteur allait réellement sonner à ma porte pour m'annoncer qu'un homme avait voulu attenter à mes jours sous les ordres de mon ex-mari. Quand j'ai quitté la maison à neuf heures du matin, des policiers s'affairaient toujours sur les lieux et s'entretenaient avec mon voisin. Finalement, je me suis renseignée auprès d'eux sur ce branle-bas de combat. De jeunes voleurs avaient dérobé des objets dans plusieurs véhicules, dont celui de mon voisin. N'ayant rien laissé à la vue dans mon automobile, ils n'y avaient donc pas touché. Heureusement, ce n'était qu'un mauvais rêve.

Même si fiction et réalité sont bien distinctes, on les voit souvent s'entremêler. Mon inconscient avait utilisé l'arrestation d'un malfaiteur pour accomplir son propre travail. L'écriture de mon livre faisait ressurgir des émotions, et cet événement, en faisant déborder la coupe déjà trop pleine, avait provoqué ce cauchemar. Mes inquiétudes se sont rapidement dissipées durant la matinée. Après plus de vingt ans de séparation d'avec Patrick, je ne crains plus rien... il ne s'en prendra jamais à moi. Je suis convaincue qu'il éprouve du respect pour la mère de sa fille dont il est si fier.

Ce déploiement policier autour de chez moi a eu pour conséquence de renforcer mon sentiment de sécurité. J'ai pu constater à quel point nous sommes bien protégés dans mon quartier. Ma perception de la police s'est transformée positivement au fil des années, mais encore davantage en ce matin mouvementé de juillet. À partir de ce jour, j'ai commencé à admirer ces hommes et ces femmes pour leur travail exceptionnel à défendre d'honnêtes citoyens.

CHAPITRE VI

Propension au bonheur

———————•———————

QU'EST-CE QUI CONTRIBUE À NOTRE BONHEUR? QUE SIGNIFIE « vieillir en beauté »? Les réponses à ces questions se révéleront différentes pour chacun d'entre nous. Pour ma part, je crois sincèrement que guérir nos blessures profondes constitue l'un des plus grands secrets de l'épanouissement. En effet, cette guérison nous allège le cœur et nous ouvre à la vie. Il devient d'autant plus important de faire un retour sur nous-mêmes et sur nos problèmes, car, si nous ne faisons rien pour les reconnaître et les régler, ils risquent de s'aggraver avec le temps. Les traits de personnalité, appropriés ou inadaptés, ont parfois tendance à s'exacerber avec l'âge, de même que les problèmes non résolus. Il est plus facile de résoudre un problème en le prenant en charge rapidement plutôt que de le laisser dégénérer au fil du temps. Pour ce faire, un minutieux travail d'introspection s'avère indéniablement nécessaire.

BONNE HYGIÈNE DE VIE

S'épanouir et vieillir en beauté passe *a priori* par une bonne hygiène de vie. Nos habitudes de vie sont étroitement liées à notre bien-être et à notre réussite. À titre d'exemple, lorsque je me droguais et buvais de l'alcool de manière abusive, j'étais incapable d'accomplir quoi que soit. Tout ce que j'entreprenais se soldait par un échec. Je ne parvenais pas à suivre des cours ou à maintenir un emploi. Mes mauvaises habitudes de vie se reflétaient dans tous les domaines de ma vie. Toute dépendance à une substance, que ce soit aux drogues ou à l'alcool, nuit considérablement au fonctionnement d'un individu. Pour être performant au travail, il convient d'avoir une bonne hygiène de vie, qui se distingue, entre autres, par un sommeil récupérateur, une saine alimentation et la pratique d'activités physiques.

Un sommeil efficace signifie que nous avons une période de sommeil de qualité et en quantité suffisante pour permettre la récupération de nos fonctions mentales et physiques. J'ai réussi à accomplir une grande charge de travail au cours des dernières années. Le fait d'avoir maintenu une bonne hygiène de vie a contribué largement à ma réussite. Je n'ai pratiquement jamais écourté mes heures de sommeil, même lorsque que je manquais de temps pour tout faire. Je dors presque toujours neuf heures par nuit, sinon je me sens moins efficace et moins bien dans ma peau. En tant que neuropsychologue, j'ai besoin d'une bonne concentration quand j'effectue mon travail, surtout lorsque je fais passer des tests. Il est scientifiquement prouvé que le sommeil est en lien direct avec le fonctionnement cognitif diurne, dont l'attention et la mémoire.

Notre organisme nous transmet constamment des signaux. Nous avons tout avantage à les écouter, sinon ces avertissements se feront de plus en plus critiques, allant jusqu'à la maladie, comme le cancer. Il faut être capable de faire des liens entre nos habitudes de vie et le fonctionnement de notre organisme. Par exemple, chaque fois que je consomme du thé en soirée, je prends beaucoup de temps à m'endormir et j'ai des réveils plus fréquents. Il apparaît évident que la théine perturbe mon sommeil. Une veille de Noël où je me trouvais à Paris avec ma fille et son amoureux, Louis-Philippe, j'ai passé une nuit blanche à magasiner en ligne après avoir bu deux tasses de thé à vingt-trois heures. Lors de cette soirée inoubliable, j'étais devenue surexcitée. Depuis ce temps, je m'abstiens de boire du thé après seize heures.

Une bonne hygiène de vie passe par un équilibre mental et physique. La pratique d'activités sportives permet de nous ressourcer. Depuis plusieurs années, on a fait la preuve que la santé physique est étroitement reliée à la santé mentale. Plusieurs études scientifiques ont montré que la pratique d'activités sportives chez des personnes présentant une dépression favorisait la guérison. Dans son livre *Guérir*, David Servan-Schreiber nous expose plusieurs techniques pouvant contribuer à se rétablir de la dépression ou à se libérer de l'anxiété.

Personnellement, j'ai intégré des activités sportives à mon horaire pour m'aider à gérer mon stress. J'ai fréquenté un centre de conditionnement physique pendant cinq ans et je pratique maintenant le yoga. Il s'agit d'une source de bienfaits, tant physiques que psychologiques, qui me permet de diminuer le stress et l'anxiété associés à mon travail d'entrepreneure.

APPRÉCIATION DE LA VIE

La vie ne tourne pas toujours comme on voudrait. Parfois même, le malheur semble s'acharner sur nous : le lave-vaisselle coule, l'ordinateur s'éteint, la voiture tombe en panne, tout va mal. Et après ! Il faut se dire qu'il y a toujours pire : divorce, décès, maladie. Nous avons souvent tendance à faire des montagnes de nos problèmes insignifiants. Il faut apprivoiser la vie avec une certaine légèreté si nous voulons être heureux.

Notre perception du monde extérieur et des événements qui surgissent dans notre vie reflète notre aptitude au bonheur. Sommes-nous prédisposés à percevoir les faits de manière positive ou négative ? Le verre est-il à moitié plein ou à moitié vide ? Si nous demandons à cent personnes de décrire une même fête à laquelle elles ont assisté, nous obtiendrons cent récits différents. Certaines mettront l'accent sur les aspects positifs de la soirée ; elles y ont revu de vieux amis, elles ont dansé, elles ont ri, sans accorder trop d'importance aux aspects moins intéressants. D'autres, cependant, n'auront que des critiques négatives à formuler : le repas était froid ; le vin mauvais ; la musique ennuyante.

Notre épanouissement dépend moins du monde environnant que de nos attitudes intérieures. Avons-nous une propension à percevoir la vie comme un cadeau qui nous est prêté ou un boulet au pied? Durant un déjeuner avec un ami, j'ai versé beaucoup de sirop d'érable sur mon pain doré et il m'a regardée, l'air béat. «Je ne suis pas en pénitence dans la vie», lui ai-je dit. Cette remarque l'avait fait sourire. Je n'ai jamais eu tendance à concevoir la vie comme un châtiment. Cela m'a probablement aidée à me sortir du bourbier dans lequel je m'étais enfoncée durant ma jeunesse.

Notre caractère inné détermine partiellement notre capacité à atteindre la plénitude ou, du moins, à l'entrevoir. Jusqu'à un certain point, nous pouvons être prédestinés au bonheur ou au malheur. Les expériences de notre enfance et nos relations avec nos parents nous façonnent profondément. Il y a des gens qui possèdent tous les atouts pour être heureux, mais qui n'y parviennent jamais. Ils ressentent un manque que rien ne peut parvenir à combler, ni l'amour, ni la gloire, ni la fortune. Ils éprouvent une impression de vide intérieur qui les rend malheureux et qui peut même les conduire inexorablement au suicide.

Les personnes qui se suicident ressentent souvent un mal-être indescriptible. Elles sont marquées par des blessures douloureuses qui deviennent insupportables. Le suicide leur apparaît comme la seule façon de les soulager. Il faut exhorter les personnes qui ont des idées suicidaires à demander de l'aide et à sortir de leur isolement, car leur malaise peut refléter un trouble mental sous-jacent qui peut être traité. Un état pessimiste et une perception obscure de l'avenir accompagnent souvent une prédisposition à la maladie mentale, comme la dépression. Les spécialistes peuvent alors aider en recommandant un traitement pharmacologique et/ou une psychothérapie. Il existe aussi de nombreux organismes qui offrent leur soutien aux personnes en difficulté.

Inversement, certains individus s'accommodent de peu pour être heureux. Les moindres petits bonheurs de la vie quotidienne vont illuminer leur existence. Ils sont conscients de la chance qu'ils ont d'être en vie et ils en profitent pleinement. Un simple repas en famille avec les personnes qu'ils aiment va égayer leur journée. Ils savourent le moment présent. Ils appliquent la philosophie du poète Horace et de son *carpe diem*. Profiter du jour présent, car demain est toujours incertain.

Un jour où je me trouvais dans mon appartement sur le bord de la mer à Miami, j'ai écrit un courriel à une amie, prétendant que *je vivais au paradis*. Elle m'a répondu par la très belle citation d'André Breton : « L'esprit de l'homme qui rêve se satisfait pleinement de ce qui lui arrive. » Je présume que le bonheur est aussi déterminé par un état intérieur en partie inné qui nous suit tout au long de notre vie. Les voyages peuvent parfois *changer le mal de place*, comme le dit l'expression populaire. Souvent, ils ne seront qu'une fuite en avant. Les voyages ne peuvent pas effacer les problèmes. Ils reviennent au galop sitôt de retour. Parfois même, les voyages ne font qu'amplifier les conflits.

Nous pouvons venir à bout d'un trouble de personnalité et vaincre certains types de troubles mentaux, ou du moins les stabiliser avec un traitement approprié. Mes traits de personnalité antisociale n'ont pas disparu par enchantement. J'ai consulté en psychothérapie pendant quelques années, ce qui a favorisé ma guérison. À travers le processus thérapeutique, j'ai réussi à identifier et à comprendre mes schémas problématiques et à trouver des moyens pour les résoudre. Mes longues années d'études en psychologie ont aussi contribué, dans ce cheminement personnel, à combattre les traits de ma personnalité qui m'empoisonnaient l'existence.

Nous ne sommes pas sur la terre uniquement pour travailler et performer. Nous sommes là pour profiter des réjouissances et des merveilles de la vie terrestre. Les petits moments de bonheur dérivent le plus souvent d'activités bien banales. Par exemple, Chloé et moi jouons parfois à des jeux de société. Lorsque nous sommes allées à Hawaii, nous jouions aux cartes tous les soirs au moment de nous mettre au lit. Je savoure ces moments qui me permettent d'être proche de ma fille, de prendre simplement le temps d'être ensemble.

À Miami, le mode de vie qui me rend si heureuse se veut relativement simple. Chaque fois que j'y retourne et que je pénètre dans l'immeuble où je réside, les membres du personnel m'accueillent chaleureusement. J'éprouve alors l'agréable sensation de revenir chez moi et de retrouver une sorte de petite famille. Après quelques semaines d'absence, je suis toujours enchantée de retrouver mon appartement. Mon plaisir de vivre à Miami ne se dément pas. J'apprécie le climat tropical, car, manifestement, j'ai de la difficulté à supporter la rigueur des hivers québécois. Là-bas, je dispose de plus de temps libre pour faire du sport, comme de la bicyclette ou du patin à roues alignées. Je descends également à la plage presque chaque jour, pendant au moins une heure.

Récemment, alors que je me trouvais à la plage, j'observais des parents jouer avec leurs enfants, se lancer le ballon de football et se baigner ensemble. Ils ne montraient pas seulement une présence physique, ils semblaient s'engager corps et âme dans des activités avec eux. Le même phénomène prévaut dans un couple; une présence physique ne suffit pas. L'interaction permet le rapprochement. Toute communication exige ce même engagement : savoir écouter notre interlocuteur pour que l'échange devienne une expérience profitable à l'un comme à l'autre.

L'HUMOUR ET L'HUMILITÉ

Un autre élément à considérer, si nous avons à cœur de nous améliorer, consiste à apprivoiser la critique et à s'en servir pour se dépasser au lieu de la prendre comme un reproche. Un jour, mon ami Charles m'a critiquée à propos de mon accent et de mon niveau de langage. J'étais plus ou moins d'accord avec lui, mais j'avais déjà envisagé de suivre des cours de diction que je repoussais sans cesse. Il est certain que je n'ai pas apprécié d'être confrontée ainsi à mes limites. Toutefois, j'ai su prendre la remarque de manière constructive et j'ai décidé de m'inscrire à des cours sans tarder.

J'ai rapidement constaté des améliorations. Julianne, ma professeure de diction, me surprenait sans cesse avec ses techniques d'enseignement. Elles s'apparentaient étrangement à celles utilisées dans le film britannique *Le discours du roi,* réalisé par Tom Hooper en 2010. Mon niveau de langage s'est enrichi, sans totalement se transformer. J'ai été capable de rire de moi-même en tournant mon nouvel intérêt pour la diction en plaisanterie avec mes proches. Ils étaient tous au courant de mon engouement pour la rhétorique; j'ajoutais toujours une touche d'humour pour tenter d'alléger la situation, surtout avec ma famille. Chaque fois que je vois ma mère maintenant et que nous nous quittons, je lui lance *ex cathedra*: «Au revoir maman!»

Une année plus tard, Charles m'a invitée à une première de film. Je me suis rendue à l'événement avec Julianne, qui est devenue une amie. Lorsque je l'ai présentée à Charles, je lui ai dit à la blague: «Voilà, je ne fais plus d'apparition publique sans être accompagnée de ma professeure de diction.» J'avais aussi développé un jeu avec Charles: il m'enseignait de nouveaux mots que je devais intégrer dans nos conversations. Il sera heureux de retrouver dans ce livre certains termes qu'il m'a appris: le mot *giboyeux*, par exemple, qui décrit les bois environnant la maison de mes grands-parents où j'allais me promener durant mon enfance.

Les gens heureux sont capables de rire d'eux-mêmes et parviennent à s'amuser de simples banalités. Même le Dalaï-Lama est un homme capable de reconnaître les petits bonheurs de la vie. Lors de sa conférence présentée à Montréal en novembre 2009, son microphone ne fonctionnait pas très bien, ce qui a semblé l'amuser plutôt que de le choquer. Aussi célèbre soit-il, il semble n'avoir aucune prétention et il sait se distraire des contretemps de la vie. Dans son ouvrage *L'art du bonheur*, le Dalaï-Lama rapporte que les gens plus heureux sont plus sociables, souples et créatifs, et qu'ils sont plus aptes à tolérer les frustrations de la vie quotidienne.

Le bonheur réside dans les satisfactions quotidiennes : prendre un repas en bonne compagnie, lire un bon roman, faire une promenade, en fait, nous livrer à une activité qui répond à nos désirs et à nos goûts. Nous savourons d'autant plus ces moments quand nous les partageons avec des personnes que nous aimons; les couples qui perdurent pratiquent souvent des activités qui les passionnent tous les deux.

Carolina, une amie que j'imagine très bien dans le rôle que tenait Eva Gabor dans *Les Arpents verts*, a longtemps proclamé haut et fort qu'elle ne ferait jamais de motocyclette ni de motoneige. Toujours vêtue élégamment dans un style flamboyant, cheveux blond platine, rouge à lèvres et vernis à ongles rouges, souliers et sacs à main Chanel, tailleurs impeccables, la voilà dorénavant dans un style tout à fait différent. Le hasard lui a réservé une surprise. Elle a fait la connaissance d'un homme adepte de la motocyclette et de la motoneige. Très amoureuse, elle semble comblée de l'accompagner et de se cramponner à lui sur ses bolides. Elle s'est acheté des vêtements appropriés pour de telles randonnées. Elle n'aurait probablement pas connu cet amour si elle avait été incapable de souplesse et d'ouverture d'esprit. Comme le souligne Richard Aubé dans *Sortez de vos pantoufles en béton*, il faut parfois oser quitter sa zone de confort pour se réaliser pleinement.

Il peut arriver parfois que les contraires s'attirent, mais, en règle générale, nous attirons des gens qui nous ressemblent. Les personnes bonnes et honnêtes s'entourent de bonnes personnes. Le conjoint de l'une de mes amies me faisait remarquer que tous les gens qui travaillent autour de lui dans son domaine, la physique, sont de bonnes personnes.

Un phénomène qui s'explique sans doute par ses propres qualités et celles cultivées dans son milieu.

SENS DE L'EXISTENCE ET BONHEUR

Certains soutiennent que nous sommes sur terre pour régler nos conflits intérieurs résultant de nos blessures fondamentales. Le but ultime consiste à devenir un être meilleur, d'où l'importance de résoudre nos schémas problématiques afin de les dépasser. Faute de quoi, nous les répéterons aussi longtemps qu'ils ne seront pas résolus. Ils entraveront notre ascension vers le bonheur, l'harmonie et la plénitude.

Personnellement, je suis convaincue que j'ai encore des conflits ou des blessures dont je dois m'affranchir. Cependant, j'ai l'impression d'être parvenue à en régler plusieurs. Ma tendance à la délinquance et mon attirance pour les criminels appartiennent désormais au passé. Plusieurs facteurs ont contribué à la guérison de ces blessures. La prise de conscience de la nature de ma relation avec mes parents durant mon enfance ainsi que mes expériences à l'adolescence et au début de l'âge adulte m'ont beaucoup aidée à résoudre ces conflits. L'homme que j'aime et qui partage désormais ma vie est psychiatre. Il est d'origine française, je peux donc continuer de perfectionner mon langage.

J'espère m'être améliorée comme être humain. Je comprends désormais la nécessité du contrat social et je me conforme aux lois établies par la société. Je respecte mon prochain, non pas parce que j'y suis contrainte, mais bien parce que j'en saisis la portée et que je ne veux pas blesser les autres. Je ne vis plus avec la sensation d'être une bête traquée, que ce soit par le système judiciaire ou par des gens du milieu criminalisé. En conséquence, ma vie est devenue beaucoup plus harmonieuse et je suis beaucoup plus heureuse. On observe un lien de causalité entre la façon de se comporter et la poursuite du bonheur. L'équation se veut relativement simple : une conduite exemplaire aboutit à une vie plus sereine; la transgression des lois et le non-respect des gens entraînent chaos, inquiétudes, peurs et désordre.

Est-ce que les problèmes que j'ai vécus sont attribuables à des caractéristiques héréditaires? Cette question demeurera en suspens. Quoi qu'il en soit, je peux affirmer que ma réinsertion sociale est attribuable en partie aux qualités de ma famille. Même si mes parents ont éprouvé certains types de problèmes, qui ont eu des répercussions néfastes sur mon développement, ils m'ont légué des valeurs éminemment précieuses, comme la générosité et l'amour. Un capital génétique transmis d'une génération à l'autre : mes grands-parents ont fait preuve de générosité en m'accueillant dans leur maison et ils m'ont apporté l'amour dont j'avais besoin en l'absence de mes parents. Par la suite, à l'adolescence, mes parents ont aussi su se montrer aimants et généreux avec mes sœurs et avec moi-même. De plus, ils m'ont énormément soutenue à travers toutes mes épreuves à l'âge adulte, sans jamais me juger. À mon tour, malgré les embûches, j'ai prodigué à ma fille tous les soins et l'amour dont elle avait besoin pour son épanouissement. Je suis d'avis que le fait d'avoir des enfants et l'amour que nous leur portons contribuent largement à donner un sens à notre vie. Ma fille m'a sauvé la vie.

Conclusion

Si nous souhaitons que des changements positifs se produisent dans notre vie, la première étape à entreprendre consiste à déterminer ce qui compte réellement pour nous, ce que nous souhaitons accomplir. De plus, il est bon de nous demander sur quelles assises reposent nos motivations. Le fait de dresser une liste de nos objectifs de vie, à court et à long termes, peut nous aider à y voir plus clair. La croyance aux changements favorables s'avère fondamentale puisque nous agissons inconsciemment de manière à corroborer nos convictions. Il ne faut pas hésiter à faire appel à la psychothérapie, si nécessaire, pour nous aider à identifier aussi bien nos croyances positives que nos croyances négatives. Puis, il importe de faire le saut, de passer à l'action dans le but d'atteindre les objectifs fixés. La pensée magique n'est pas pragmatique et ses résultats relèvent de l'imaginaire. Mieux vaut se retrousser les manches et se mettre au travail.

J'ai essayé de partager avec vous un compte rendu de mon cheminement personnel et professionnel dans l'espoir d'aider ne serait-ce qu'une seule personne. D'abord, ce qui a été le plus salutaire dans mon parcours fut sans contredit de réaliser que le milieu criminalisé constituait un univers pourri, essentiellement composé d'illusions. À partir de ce constat, j'ai décidé de délaisser ce milieu de corruption, de mensonges, d'adultères, de violence physique, de drogues, de méfiance, de filatures, de descentes de police et d'arrestations. Je me suis éloignée des individus qui frayaient dans le milieu du crime organisé. Je suis devenue plus sélective dans mes fréquentations et dans le choix de mon entourage. J'ai privilégié de nouveaux points de repère.

Pour ceux qui souhaitent vivre des changements positifs, il importe donc de jeter un regard sur leur environnement immédiat et de déterminer s'il y a lieu de reconsidérer leurs fréquentations. Certaines personnes qui gravitent autour de nous peuvent entraver notre poursuite du bonheur. Il s'avère indispensable que les gens que nous choisissons de côtoyer entretiennent des valeurs fondamentalement similaires aux nôtres.

Dans un sens, mon histoire démontre que les individus présentant une personnalité antisociale possèdent tout le potentiel pour devenir des éléments constructifs et appréciés dans la société. Il suffit qu'ils décident de l'exploiter. Pour ainsi dire, les préjugés suggérant qu'on ne peut se délivrer d'un trouble de personnalité s'avèrent totalement faux, signe d'ignorance et d'un manque de compassion envers les autres.

Pour mettre un terme au désordre qui régnait dans ma vie, j'ai opéré des changements radicaux dans mes habitudes et mes comportements, de même que dans mes valeurs. J'ai dû mettre de l'ordre dans tous les domaines de ma vie, à commencer par cesser de consommer. Dures ou douces, les drogues entraînent des effets dévastateurs dans notre vie, tant personnelle que professionnelle. Les drogues, en procurant un plaisir et une satisfaction illusoires, affaiblissent la motivation nécessaire pour s'actualiser et accéder au bonheur. Il ne faut pas minimiser les effets de la marijuana, c'est une drogue sournoise. L'alcool fait aussi des ravages considérables dans la vie des buveurs chroniques.

Les réajustements que nous aurons à faire par rapport à nous-mêmes seront nombreux, étant donné que nous verrons nos valeurs se transformer plus d'une fois au cours de notre vie. L'intégrité, l'honnêteté et la bonté envers les autres et envers soi-même sont des valeurs durables. Toutes les actions positives ou négatives que nous posons finissent par nous revenir. C'est la loi du retour. Si nous faisons preuve d'empathie et de compassion envers les personnes que nous croisons sur notre route, nous les aidons et nous nous aidons, par le fait même. En retour, des personnes fiables nous appuieront en cas de besoin, puisque nous aurons choisi de nous entourer d'elles et de reconnaître l'importance de l'entraide.

Puis, le moment vient où c'est à notre tour d'accorder une chance à d'autres personnes. Tendre la main peut se faire de mille manières. Nous pouvons aider quelqu'un à améliorer sa vie en lui offrant notre appui dans sa démarche, par des encouragements ou une aide plus directe. Nous pouvons aussi nous impliquer dans des organismes communautaires ou dans des associations d'entraide qui correspondent à nos orientations. Personnellement, en raison de mes intérêts et de mes forces, j'ai choisi de m'engager bénévolement dans un organisme dont le but est d'apporter du soutien aux jeunes entrepreneurs.

L'expérience de certaines personnes qui ont transformé leur existence pour une vie meilleure peut nous amener à croire que cela est également possible pour nous. J'ose espérer que le fait de livrer mon expérience personnelle, témoignant d'un retournement incroyable, pourra inspirer certaines personnes en difficulté. Ce ne sera pas nécessaire pour tout le monde de passer par les mêmes transformations extrêmes que j'ai dû subir, bien entendu.

Tout au long de mon cheminement personnel et malgré tous mes faux pas, je n'ai jamais perdu de vue l'amour que j'éprouvais pour ma fille, Chloé. Je l'ai élevée en lui transmettant la meilleure éducation possible. Je me suis efforcée d'être une mère exemplaire, malgré mes imperfections et mes erreurs. J'ai effectué un travail de pardon envers moi-même pour mes écarts de conduite antérieurs. J'ai découvert que, ce qui compte réellement, c'est le moment présent. Il n'y a pas d'avenir dans le passé.

Pendant plus de vingt ans, jour après jour, j'ai persévéré à reconstruire ma vie en suivant mon plan d'action et en posant des gestes concrets en vue de sa réalisation. J'ai fait preuve de constance, mais également d'assiduité comme en témoignent mes quinze années d'études universitaires. J'ai travaillé avec acharnement sans baisser les bras devant les obstacles et j'ai été grandement récompensée en retour.

La vie se compare à un grand laboratoire dans lequel nous faisons nos propres expériences, dont certaines sont agréables et d'autres, pénibles. Après avoir expérimenté des moments difficiles, je traverse maintenant une période délectable que je savoure à chaque instant. Mes efforts soutenus ont été couronnés de succès.

En définitive, tout est possible dans la vie; il suffit de le vouloir profondément et de poser les actions appropriées pour l'obtenir. Même dans les situations les plus difficiles, il faut garder espoir. Ne jamais perdre de vue que « LE CHANGEMENT EST POSSIBLE », même lorsque nous nous trouvons dans une situation désastreuse où l'espoir nous apparaît improbable. Il est possible d'embellir notre existence, souvent plus que nous ne pouvons l'imaginer, voire même au-delà de nos espérances. Même si nous venons d'un milieu défavorisé ou d'une famille dysfonctionnelle, notre société met de multiples moyens à notre disposition pour nous aider à réussir notre vie. Il n'en tient qu'à nous d'en profiter.

Je garde en mémoire un vif souvenir d'une promenade en bateau sur la rivière Richelieu, alors que j'avais vingt-quatre ans et que je vivais toujours dans le tumulte. En cette journée de l'été 1990, je rêvassais en regardant filer l'eau à vive allure sous mes yeux mélancoliques. Les photos de moi datant de cette époque témoignent de la tristesse qui assombrissait mon regard. J'étais malheureuse et je me perdais parfois de longs moments dans mes rêveries. Ce moyen d'évasion m'aidait à supporter mon accablante réalité. Lors de cette promenade, je m'imaginais dans un avenir lointain en femme d'affaires, possiblement dessinatrice de mode. J'ai toujours entretenu une véritable fascination pour la beauté et la mode. Je me projetais dans les années 2000, ma fille à mes côtés, toutes deux élégamment vêtues, vivant normalement. Cela me réconfortait de fantasmer ainsi sur mon avenir.

Mes rêveries d'autrefois se sont concrétisées; je suis devenue cette femme d'affaires que j'avais enfouie dans des chimères... De plus, ma fille s'est épanouie exactement comme je le souhaitais. Pour mon plus grand bonheur, elle est honnête et elle poursuit des études universitaires dans un programme qui va lui apporter de la satisfaction dans une profession qu'elle aura choisie. Elle est animée d'une grande curiosité intellectuelle et elle aime beaucoup voyager. Elle souhaite faire le tour du monde, rien de moins! Je ne prétends pas avoir tout réussi parfaitement dans ma vie, mais en ce qui concerne l'éducation de ma fille, il ne subsiste pas l'ombre d'un doute, je suis très fière d'elle.

J'accorde aussi une grande place à la mode dans mes temps de loisirs. J'ai désormais le privilège de pouvoir m'acheter tous les vêtements dont j'ai envie. J'éprouve du plaisir à faire les boutiques avec ma fille ou mes amies, plus spécialement à Miami. Mon *sport* préféré, c'est de dénicher les soldes des grands couturiers. Comme le soutiennent si bien ma mère, âgée de soixante-sept ans, et ma grand-mère, qui célébrera ses quatre-vingt-dix ans cette année : «À ton âge, tu dois porter des vêtements de qualité.» À mes yeux, la vie est encore plus belle en Dior, Gucci, Chanel et Prada! Sincèrement, je n'aurais jamais cru que je serais si gâtée un jour, par moi-même, de surcroît. Cette année, j'ai acquis ma première toile signée par une artiste renommée. Nous sommes, chacun de nous, la personne la mieux placée pour prendre soin de nous-mêmes, de notre corps et de notre esprit. Les autres ne peuvent pas faire ce travail à notre place.

Aujourd'hui, je ne ressens plus le besoin de rêver d'une vie meilleure; je vis plutôt ma réalité les yeux grands ouverts. Vingt-deux années plus tard, mon existence ressemble à ce que j'avais imaginé lors de cette promenade en bateau sur le Richelieu, voire même beaucoup plus passionnante. Autant la vie s'est montrée rude envers moi durant mes années de jeunesse, autant elle m'a choyée par la suite. Mes accomplissements ont largement dépassé mes espérances.

Que de chemins parcourus pour arriver là où je suis aujourd'hui. Au moment d'écrire ces lignes, je me trouve au bord de la mer à Miami et je savoure pleinement la vie. Je ne vois pas la vie en rose, mais en bleu dans ce lieu enchanteur. J'ai une existence formidable, je suis toujours entre deux voyages. Montréal pour le travail et l'amour! Miami pour le repos et les loisirs! Paris pour ma fille adorée! J'ai changé, bien entendu, mais pas entièrement. Même en essayant, je n'aurais jamais pu perdre mon goût du luxe. Il me faut apporter une nuance tout de même. Si, un jour, je perdais tous mes biens matériels, il y a des richesses dont nul ne pourrait me déposséder: mes études, mes connaissances et ma profession!

Lorsque j'étais fin prête à soumettre ce livre à un éditeur, j'ai fait un rêve particulièrement angoissant. Je me trouvais sur le bord d'une falaise escarpée donnant sur un insondable précipice. Si je perdais pied et basculais dans le vide, ce serait la fin, j'allais être pulvérisée au contact du sol.

Dans cet univers onirique, une présence féminine me tendait doucement la main et m'invitait à m'éloigner lentement de ce précipice. Je réfléchissais à ses propos, mais je ne tenais pas compte de ses avertissements. Je ne bronchais pas; je demeurais immobile au bord de la falaise. Cette femme devait probablement incarner ma mère, qui m'avait mise en garde, quelques jours auparavant, contre les dangers potentiels associés à la publication de mon livre. Elle croyait que j'allais mettre ma vie en péril. En réalité, ce cauchemar traduisait mon angoisse de voir s'évanouir tout ce que j'avais construit au cours des vingt dernières années.

Dans les semaines qui ont suivi, il s'est produit deux événements qui m'ont éclairée et encouragée à poursuivre ma démarche. J'ai livré un témoignage sur mon cheminement personnel devant une assemblée de deux cents personnes du monde de l'enseignement. J'étais morte de peur, mais j'ai reçu un accueil des plus chaleureux. Les gens dans la salle m'ont témoigné une telle gratitude que mes inquiétudes se sont partiellement dissipées. Contrairement à mes appréhensions, j'ai suscité la sympathie en dévoilant ainsi ma vulnérabilité.

Un second témoignage, en présence d'une soixantaine de jeunes adultes, la plupart des décrocheurs, m'a confortée encore davantage dans ma décision. Je constatais que je pouvais représenter une source d'inspiration pour ces jeunes en questionnement sur leur avenir. Ce rôle de prosélyte des études m'entraîne sur une nouvelle voie d'accompagnement. Dans ce genre de révélation du destin, nous pouvons référer à la *sérendipité,* qui consiste à faire par hasard des découvertes inattendues qui vont guider notre vie.

Un fait demeure, les puritains pourront être choqués par mon passé. Heureusement que je n'ai rien révélé de ma vie sexuelle, je leur aurais fourni matière à scandale. Lorsque mon amoureux m'a surnommée son *Angélique*, après la lecture de mon livre, je me suis sentie prête à me lancer!

Un facteur qui a été déterminant dans ma réussite a été la présence réconfortante des gens fiables, stables, honnêtes et travailleurs qui m'ont entourée. Ils m'ont témoigné leur confiance. Plusieurs d'entre eux m'ont soutenue dans mon cheminement: ma fille, mes parents, mes sœurs, mon conjoint, mes amis, mes directeurs de recherche, mes employeurs et mes associés. Chacun, à sa manière, m'a apporté son soutien sans jamais me juger ou me reprocher mon passé. Ces êtres m'ont donné l'opportunité de montrer que je pouvais dorénavant agir convenablement. J'étais consciente du privilège incroyable qu'ils m'accordaient et, jamais, je n'aurais voulu les décevoir. Conséquemment, j'ai gardé la tête haute et je n'ai pas dérogé de la ligne droite. Je l'ai fait pour mes proches, bien sûr, mais avant tout pour moi-même. Peu à peu, ma vie est devenue plus heureuse et plus harmonieuse.

C'est tellement plus facile de respecter les autres quand on a le respect de soi-même. Nous sommes alors en mesure d'ouvrir notre cœur pour aider notre prochain et manifester de la compassion envers la souffrance humaine. Je souhaite transmettre une lueur d'espoir à ceux qui recherchent une vie meilleure. Je les encourage à poser les gestes appropriés qui leur permettront d'opérer les changements qui contribueront à leur épanouissement et à une heureuse transformation.

Remerciements

DU PLUS PROFOND DE MON CŒUR, JE TIENS À TÉMOIGNER TOUTE MA gratitude à ma fille qui m'a soutenue et conseillée tout au long de la rédaction de ce livre. Je ne me serais jamais permis d'exposer publiquement mon histoire sans son accord. Je remercie aussi mon amoureux pour sa compréhension et ses encouragements soutenus sans lesquels j'aurais probablement renoncé à publier.

J'ai pu compter sur mes fidèles amies Julie, Gina et Tanya, qui ont lu mon livre à plus d'une reprise. Je suis aussi reconnaissante à mes amis Jean-Pierre et Réal, deux avocats, qui m'ont fait part de leurs commentaires d'un point de vue juridique. Je remercie également Élizabeth, Linda et Denis pour leur travail de correction littéraire. J'ai grandement apprécié les judicieux conseils de tout ce comité de lecture.

Je remercie Mathieu Béliveau de m'avoir accordé sa confiance en acceptant d'éditer mon ouvrage. Enfin, je tiens aussi à souligner la contribution de toute l'équipe de Béliveau Éditeur pour la préparation finale.

Un dernier remerciement à Dominique Lavoie qui a réalisé les photographies.

Références bibliographiques

ANGELARD, Christine. *Vivre autrement. Plaidoyer pour la santé. Une philosophie médicale.* Société Radio-Canada et Bayard Canada Livres, 2008.

AUBÉ, Richard. *Sortez de vos pantoufles en béton.* Les Éditions Quebecor, 2007.

BINETTE, Danielle. *Entre le rêve et la rencontre.* Éditeur: Danielle Binette. 2010.

BOOTHMAN, Nicholas. *Tout se joue en moins de 2 minutes.* Marabout, 2002.

CORNEAU, Guy. *Père manquant, fils manqué.* Les Éditions de l'Homme, 1989.

CORNEAU, Guy. *Le meilleur de soi.* Les Éditions de l'Homme, 2007.

D'ANSEMBOURG, Thomas. *Qui fuis-je? Où cours-tu? À quoi servons-nous? Vers l'intériorité citoyenne.* Les Éditions de l'Homme, 2008.

DARCHE, Claude. *Développer son intuition.* Éditions Eyrolles, 2009.

GATTUSO, Joan. *Un cours sur l'amour.* Éditions ADA Inc., 1999.

LABONTÉ, Marie Lise. *Le choix de vivre.* Les Éditions de l'Homme, 2009.

SERVAN-SCHREIBER, David. *Guérir.* Éditions Robert Laffont, 2003.

SCHORE, Allan N. *Affect Dysregulation and Disorders of the Self.* Éditeur: W. W. Norton & Company, 2003.

SA SAINTETÉ LE DALAÏ-LAMA et Howard Cutler. *L'art du bonheur.* Éditions J'ai lu, 1998.

THOMAS, Béatrice. *Si j'osais.* Les Éditions Quebecor, 2009.

YOUNG, Jeffrey, E. et Janet S. Klosko. *Je réinvente ma vie.* Les Éditions de l'Homme, 2003.

Survivre à la violence pour enfin vivre

Après nous avoir raconté son histoire, Blandine Soulmana recueille des témoignages d'autres survivantes sur l'après-violence, car ce n'est pas tout de survivre, il faut réapprendre à avancer en allégeant ses bagages. Elle croit fermement que, dans le désert de l'épreuve, le soleil finit toujours par se lever, même au terme des nuits les plus noires.

Blandine Soulmana
et Monique T. Giroux
978-2-89092-504-5

Le syndrome de Tarzan

Sortie de l'enfer de la dépendance affective, Pascale Piquet est enfin au paradis ! Aujourd'hui, elle aide ceux et celles qui sont prisonniers de leurs lianes affectives à sortir de cette jungle.

Pascale Piquet
978-2-89092-371-3